DIE SCHÖNSTEN
GEWÖLBE
EUROPAS

DIE SCHÖNSTEN GEWÖLBE EUROPAS

Von der Romanik bis zur Gotik

DAVID STEPHENSON

PRESTEL

MÜNCHEN · LONDON · NEW YORK

Dieses Buch wurde erstmals 2009 unter dem Titel *Heavenly Vaults*
von Princeton Architectural Press in den USA publiziert.
© 2009 Princeton Architectural Press
Alle Rechte vorbehalten.
Fotografien © David Stephenson, mit freundlicher Genehmigung der Julie Saul Gallery,
www.saulgallery.com

Für die deutsche Ausgabe © Prestel Verlag, München · London · New York, 2013

Die Deutsche Nationalbibliothek verzeichnet diese Publikation in der
Deutschen Nationalbibliografie; detaillierte bibliografische Daten sind
im Internet über www.dnb.de abrufbar.

Prestel Verlag, München
in der Verlagsgruppe Random House GmbH
Neumarkter Straße 28
81673 München
Tel. +49 (0)89 4136-0
Fax +49 (0)89 4136-2335

www.prestel.de

Projektleitung Verlag: Stella Sämann
Übersetzung aus dem Englischen: Mechthild Barth, München
Satz und Lektorat: Antje Eszerski für bookwise GmbH, München
Projektmanagement: bookwise GmbH, München
Gestaltung: Jan Haux
Umschlag: Sofarobotnik, Augsburg & München
Art Direction: Cilly Klotz
Herstellung: René Fink
Druck und Bindung: 1010 Printing International, China

ISBN 978-3-7913-4770-7

Verlagsgruppe Random House FSC-DEU-0100
Das für dieses Buch verwendete FSC-zertifizierte Papier
Hi-Q Art liefert Hansol Paper, Korea.

INHALT

6 Vorwort

von Isobel Crombie

10 Abbildungen

154 Gotische Gewölbe – die Geometrie der Transzendenz

187 Anmerkungen

Vorwort

von Isobel Crombie
Chefkuratorin für Fotografie an der National Gallery of Victoria in Melbourne, Australien

Das menschliche Leben ist rätselhaft. Wir leben nicht nur in einer komplexen Welt der Materie voller Maschinen, Fahrzeuge, Gebäude und Menschen, sondern auch in einer ebenso vielschichtigen Innenwelt der Gedanken und Gefühle. Permanent navigieren wir zwischen diesen beiden Welten hin und her, mal mit mehr, mal mit weniger Erfolg, während wir bestrebt sind, in all dem einen Sinn zu erkennen. Warum sind wir hier? Was für eine Bedeutung hat unser Leben?

Im Mittelalter und der frühen Neuzeit boten die jüdische und die christliche Religion den Gläubigen hinsichtlich solcher Fragen eine tröstliche Gewissheit. Noch heute spürt man eine beruhigende Sicherheit, wenn man in einem der alten Gotteshäuser steht und hinaufblickt zum Gewölbe. Die großartige Vision einer kosmischen Ordnung, in der Gott der Allmächtige herrscht, die Natur uns ernährt und wir als Geschöpfe einen festen Platz einnehmen, spiegelt sich in der Monumentalität und den zahlreichen Symbolen dieser Gebäude wider. Fast unwillkürlich umfangen Gefühle der Ehrfurcht, des Staunens und der Ergebenheit den Betrachter der gewaltigen Gewölbe und reich verzierten Kuppeln, die durch das »Licht Gottes«, das durch die farbigen Glasfenster in den Kirchenraum strömt, erhellt werden.

Obgleich die traditionellen Systeme, auf denen die sakrale Architektur aufbaut, schon lange ihre unangefochtene Autorität verloren haben, fangen die Fotografien von David Stephenson noch heute diese Bedeutung ein. Stephensons Werk vermittelt uns jene Sehnsucht nach Höherem, nach Transzendenz und Unendlichkeit, die diese Bauten auch jenseits ihres religiösen Bezugsrahmens im Betrachter hervorzurufen vermögen. Sie geben einen Verweis darauf, wer und was wir sind.

Das Gefühl des Erhabenen, das David Stephenson so eindringlich in seinen Bildern festhält, durchdringt seine ganze facettenreiche Laufbahn als Fotograf. Einmal erklärte er: »Das Thema meiner Bilder hat sich verändert [...], doch meine Kunst ist im Wesentlichen geistig geblieben. Ich habe mich über zwanzig Jahre lang mit dem zeitgenössischen Ausdruck des Erhabenen auseinandergesetzt – als eine transzendentale Erfahrung der Ehrfurcht gegenüber den gewaltigen Räumen und Zeiten unserer Existenz.«[1] Betrachtet man Stephensons Werkgruppen, wird deutlich, dass sein künstlerischer Weg wie eine Spirale verläuft. Immer wieder kehrt er zu bestimmten Themen zurück, die er weiter ausbaut. Das Erhabene aber steht stets als Impuls im Zentrum seiner Arbeiten.

Die Vorstellung des Erhabenen, mit der sich Stephenson beschäftigt, ist nicht neu. Ihre lange philosophische Tradition reicht zurück ins 18. Jahrhundert zu den Schriften von Edmund Burke und Immanuel Kant. Das Erhabene mit den Empfindungen von Ehrfurcht, Schrecken und der Ahnung von Unendlichkeit galt als angemessene Reaktion auf das Erlebnis »ungezähmter« Natur. Die ästhetisch philosophische Theorie, die daran anknüpft, ist heute kaum mehr nachvollziehbar. Die meisten modernen Städter kennen »Wildnis« nicht mehr aus eigener Erfahrung, sondern lediglich aus IMAX-Naturfilmen oder den Dokumentarfilmen von David Attenborough. Selbst das Betrachten der Sterne am nächtlichen Himmel – diese Erinnerung an die Unendlichkeit des Universums – wird durch die Lichter der Städte erschwert, wenn nicht gar unmöglich gemacht. Unsere Beziehung zur Natur hat sich gewandelt: Natur verweist nicht mehr auf die unbeschränkte Allmacht Gottes, sondern fungiert als verfügbare Ressource, die stetig knapper wird.

[1] David Stephenson: Vorwort. In: Susan van Wyk (Hg.): *Sublime Space. Photographs by David Stephenson 1989–98.* Melbourne: National Gallery of Victoria, 1998, 1.

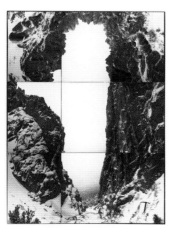

SELF PORTRAIT, AVALANCHE COULOIR (SELBSTPORTRÄT. LAWINE. BERGSCHLUCHT), 1985, aus der Serie *Composite Landscapes*, Gelatine-Silberdruck, 100 x 80 cm

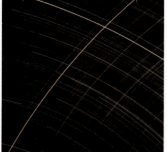

Ice No. 1, 1992,
aus der Serie *The Ice*,
C-Print, 100 x 145 cm

Stars 1996/1211, 1996,
aus der Serie *Stars*,
Ilfochrome-Print, 100 x 100 cm

Neue Synagoge
Szeged, Ungarn,
aus der Serie *Domes*,
C-Print, 56 x 56 cm

Stephenson ist sich dieses Wandels mehr als bewusst. Seine Naturfotografien führen uns das fragile Gleichgewicht vor Augen zwischen der Sorge um die bedrohte Natur und ihrer Ausbeutung. Der Künstler lebt in Tasmanien, wo solche Themen stark präsent sind. In dem Inselstaat rund 240 Kilometer vor der Ostküste Australiens konkurrieren die Bedürfnisse von Naturschutz und Industrie oftmals auf das Heftigste miteinander. In Stephensons frühen Fotografien, die 1982, kurz nach seiner Übersiedlung nach Tasmanien, entstanden, ahnt man diese Spannungen. Die Naturpanoramen mit ihren Bezügen zu Werken der amerikanischen Landschaftsfotografie von Timothy O'Sullivan (um 1840–82) und Carleton Watkins (1829–1916) zeigen eine Welt, in der die Natur keine selbstverständlich verfügbare Quelle mehr für unsere maßlosen Bedürfnisse ist.

In den 1990er-Jahren verschwindet der Mensch als sichtbarer Vermittler zwischen Natur und Betrachter ganz aus Stephensons Bildern. Er fokussiert sich nun auf die leere Landschaft. Während er Wolkenformationen, endlos weite Landstriche, Meereshorizonte, arktische Gefilde und Sternenhimmel fotografiert, beginnt Stephenson sich mehr und mehr für die metaphysische Kraft der Natur zu interessieren. Sein Stil wird schlichter – statt mit komplexen Panoramen setzt er sich direkt mit einzelnen Komponenten der Natur wie Sternen, Himmel, Meer, Land und Pflanzen auseinander.

Je reduzierter Stephensons Fotografien werden, desto mehr scheinen sie im Zeitlosen zu existieren, obgleich sie in Echtzeit entstehen. Sie fixieren einen Moment im Bewusstsein, der sowohl flüchtig als auch ewig ist. Das Ausdehnen und Verlangsamen der Zeit verweist einerseits auf unsere Art der Wahrnehmung und verleiht den Bildern zugleich eine meditative Qualität, da die äußere Welt stets an eine innere gekoppelt ist.

Obgleich in Stephensons neuerem Werk keine Menschen sichtbar sind, manifestiert sich ihre Präsenz dennoch gerade in ihrer Abwesenheit. Je elementarer und unberührter die Natur sich in den Bildern präsentiert, umso stärker fordert sie uns als Betrachter auf, in Beziehung mit ihr zu treten. Die Natur mag noch so abgelegen und ursprünglich wirken – heutzutage ist es uns nicht mehr möglich, sie ohne einen Gedanken an ihre Verletzlichkeit zu betrachten: Erderwärmung, Umweltverschmutzung, Bergbau und andere Formen kommerzieller Bodenverwertung lassen keinen Flecken der Erde unberührt.

Die menschliche Komponente zeigt sich in Stephensons Werk noch auf eine andere, sublimere Weise. In den frühen 1990er-Jahren begann Stephenson mit einer Serie von Aufnahmen des Opaion in europäischen Kirchenkuppeln, während er zugleich die Spuren der Sterne am nächtlichen Himmel festhielt. Diese beiden Themen sind trotz der offensichtlichen Unterschiede konzeptuell eng miteinander verwoben. Sie kreisen – was zuerst überraschen mag – um den Menschen.

Beide Serien setzen sich mit der Beziehung zwischen dem Individuum und dem Unendlichen auseinander. Sie laden ein, sich dem Thema der Ewigkeit entweder durch die Betrachtung unbegrenzter Nachthimmel oder den Blick durch das Opaion, das Fenster im Zentrum einer Kuppel, anzunähern, das als architektonisches Symbol für die Verbindung zwischen Himmel und Erde steht. Sowohl bei den Spuren der Sternwanderungen über den Himmel als auch bei den vielschichtig konzipierten Kuppeln der Kirchenbauten scheint eine »göttliche Geometrie« gegenwärtig, die uns an unseren Platz als Menschen innerhalb der kosmischen Schöpfung denken lässt.

Sein Interesse für das Opaion, das *Auge* der Kuppel, dehnte Stephenson 2003 auf das gesamte Gewölbe des Kirchenbaus aus. Diese ebenfalls überweltlich anmutenden Bilder, welche einen weiteren wichtigen Aspekt traditioneller Sakralarchitektur festhalten, erzielen eine völlig andere emotionale Wirkung als die Kuppeln: Betrachtet man die Gewölbe aus Stein, wähnt man sich unter der *Bauchhöhle* eines riesigen Tiers, dessen gewaltige, gegliederte *Wirbelsäule* und kräftige *Rippen* skelettartig aussehen.

Das anthropomorphe Wesen der Gewölbe, das Stephensons Bilder augenscheinlich macht, unterstreichen auch die Fachbegriffe, mit denen diese architektonischen Elemente bezeichnet werden. Kreuz, Rippe und Zelle sind gängige Termini der Architektur. Sie verweisen auf die enge gedankliche Verbindung zwischen Kirchenbau und menschlichem Körper. Diese physische Verknüpfung wird im Nebeneinander der Fotografien noch greifbarer, erinnern die beinahe panoramischen Aufnahmen doch an die Darstellung steinerner Wirbelsäulen. Das Gebäude der Kirche offenbart sich in den Bildern somit als symbolhafter Körper der Menschheit, wodurch wiederum dem Göttlichen gehuldigt wird.

Stephensons Projekt zeichnet zudem die zeitliche und räumliche Entwicklung des Kirchengewölbes nach. Die Typologie der Gewölbeformen zeigt schlichte bogenförmige Steintunnel beziehungsweise sogenannte Tonnengewölbe, komplizierte Tierceron- und Liernengewölbe mit dekorativen Rippen oder gewaltige Fächergewölbe aus durchkreuzten Kegelformen mit filigranen Blendmotiven. Stilistische Entwicklungen der Romanik und Gotik zeigen sich in den Bildern ebenso deutlich wie regionale Ausprägungen. Die Abbildungen der Gewölbe entfalten eine besondere ästhetische Kraft durch ihre scheinbar unendliche Formenvielfalt und Komplexität sowie den Kontrast zwischen der Festigkeit des Steins und der Zartheit der Glasfenster, durch die das Licht in den Raum dringt.

Dieses Projekt als reine Dokumentation zu verstehen, wäre verfehlt. Natürlich hält Stephenson die unterschiedlichen Typen von Kirchendecken fest, doch erwecken diese, was ihre ureigentliche Absicht ist, Emotionen beim Betrachter. Der unverstellte Blick *nach oben* löst ein erhebendes Gefühl von Ehrfurcht aus, und das Hinaufstreben der Säulen zieht uns auf befreiende Weise in seinen Bann. In Serie betrachtet erhält dieses Erlebnis eine rauschhafte Dimension. Hinweise auf räumliche Tiefe lösen sich auf, die schwindelerregende Perspektive nach oben wirkt tollkühn, während sich die Schwere des Steins in filigrane Leichtigkeit verwandelt. Die Fotografien oszillieren dabei zwischen abstrakt und gegenständlich, menschlich und göttlich, persönlich und unpersönlich. Sie konservieren Form und Empfindung eines geistigen Raums. Die Optik der Gewölbe bewirkt somit ein spirituelles Erlebnis. Indem wir beim Anblick der Gewölbe die Realität um uns zumindest für einen Moment hinter uns lassen, legen diese Bilder die Kontemplation des Göttlichen als Möglichkeit einer Atempause von der Welt und ihren Problemen nahe.

Es ist zutiefst menschlich, dass wir erfahren wollen, wer wir sind, um uns in der Welt verorten zu können. Stephensons atemberaubende Bilder weisen darauf hin, dass dieser Wunsch sich seit jener Zeit, als diese großartigen Kirchen erbaut wurden, kaum verändert hat. Noch immer blicken wir *nach oben* und sinnieren über unseren Platz in der Schöpfung, wie das bereits die Erbauer der Gotteshäuser getan haben. Paradoxerweise vollzieht sich im Akt diese Schauens nicht nur eine äußere, sondern auch eine innere Bewegung. Unsere Emotionen aber führen uns letztlich zu einer tieferen Selbsterkenntnis.

Abbildungen

PANTHEON
Rom, Italien, 117–38

DIOKLETIANSTHERMEN
Rom, Italien, 298–306,
ab 1561 umgebaut zur Kirche Santa Maria degli Angeli

Basilika San Miniato al Monte
Hauptschiff
Florenz, Italien, 1013–62

Kathedrale von Monreale
Hauptschiff
Monreale, Italien, 1174–82

Kathedrale von Monreale
Vierung
Monreale, Italien, 1174–82

KIRCHE SAN MARCO
HAUPTKUPPEL (UNTEN) UND PFINGSTKUPPEL (OBEN)
Venedig, Italien, 1063 begonnen

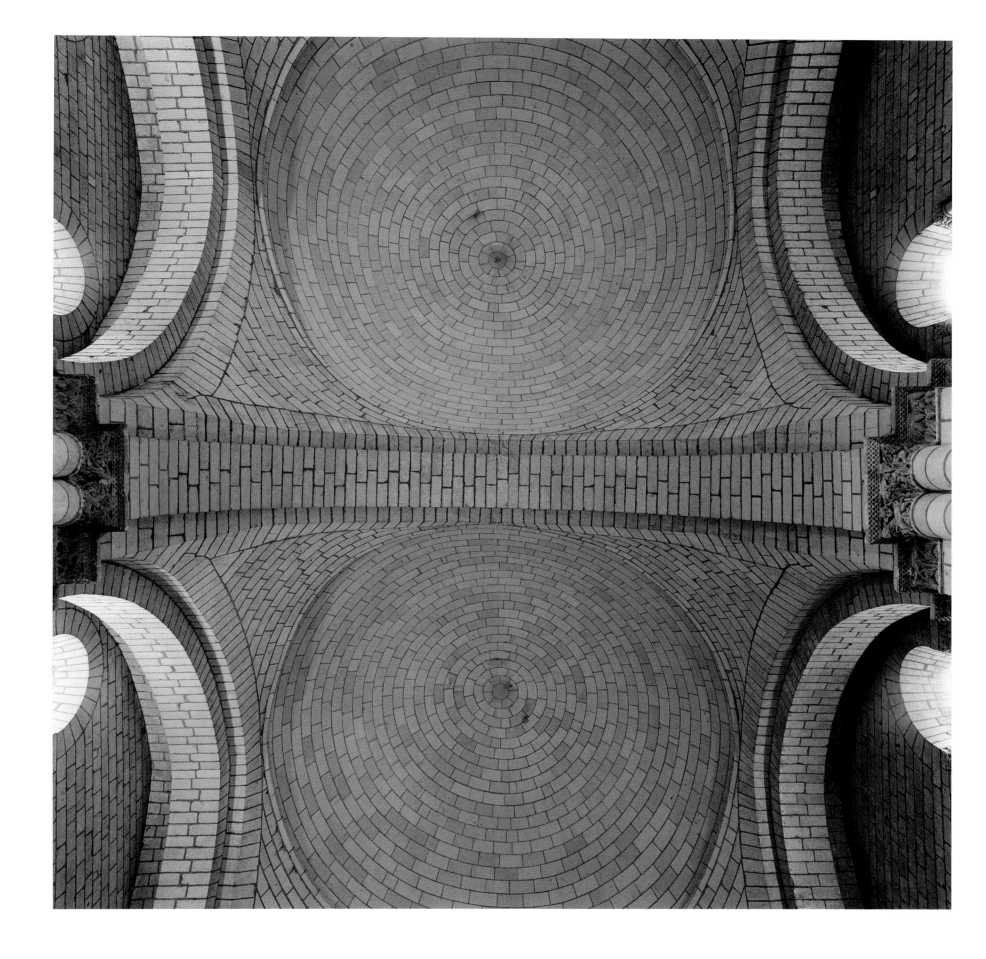

Abteikirche von Fontevraud
Hauptschiff
Fontevraud, Frankreich, 1105–19

ABTEIKIRCHE SAINTE-FOY
Hauptschiff
Conques, Frankreich, 1050–1130

Abteikirche Saint-Sernin
Hauptschiff
Toulouse, Frankreich, 1077–1120

Kathedrale von Santiago de Compostela
Hauptschiff
Santiago de Compostela, Spanien, 1075–1211

Dom zu Speyer
Hauptschiff
Speyer, Deutschland, 1030 begonnen, Gewölbe 1082–1137

DOM ST. PETER
Hauptschiff
Worms, Deutschland, 1110–81, Rippengewölbe um 1171

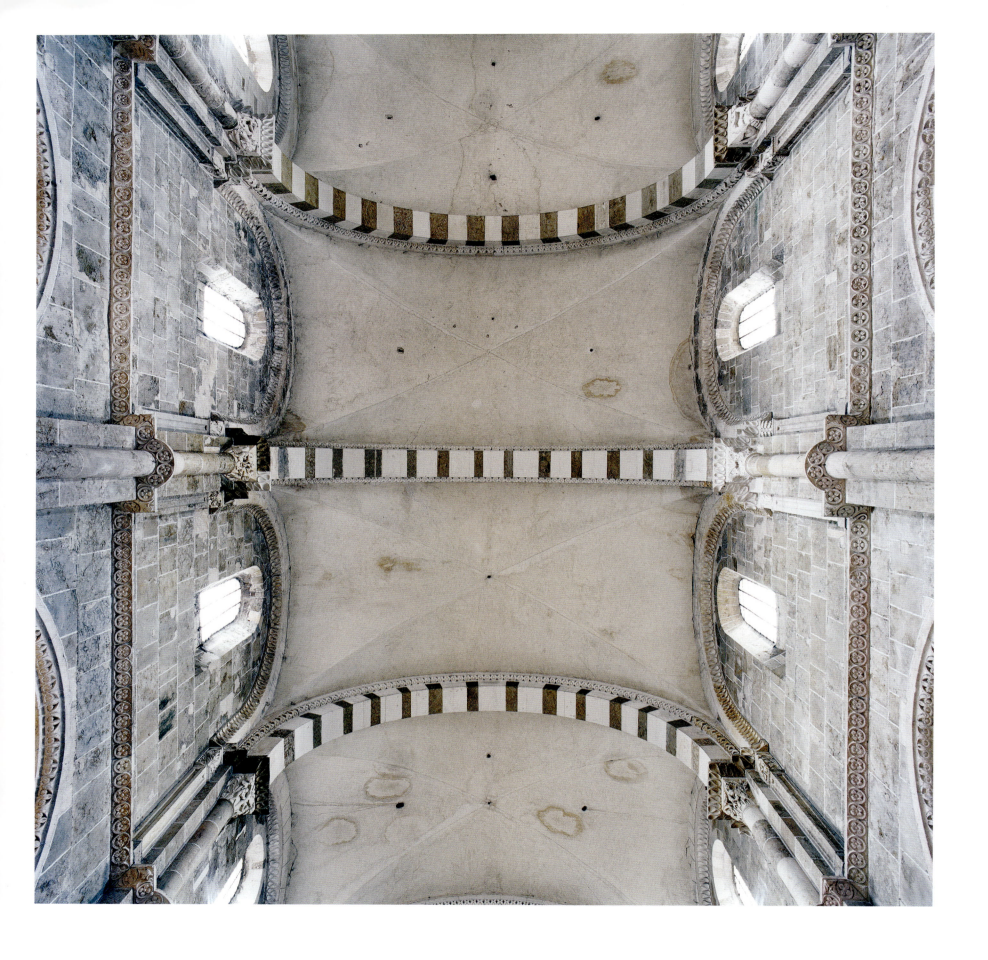

Abteikirche Sainte-Marie-Madeleine
Hauptschiff
Vézelay, Frankreich, 1096–1132

Abteikirche von Fontenay
Hauptschiff
Fontenay, Frankreich, 1139–47

Kirche Saint-Étienne
Hauptschiff
Caen, Frankreich, 1070–81, Gewölbe 1120, neu errichtet 1616

KIRCHE SAINT-ÉTIENNE
Vierung
Caen, Frankreich, 1070–81, Gewölbe 1120, neu errichtet 1616

Kathedrale von Laon
Hauptschiff
Laon, Frankreich, 1160–1230

KATHEDRALE VON LAON
Vierung
Laon, Frankreich, 1160–1230, Vierungsturm 1170–75

KIRCHE SAINT-DENIS
Chor
Saint-Denis, Frankreich, 1140–44, umgestaltet 1231

Abteikirche Sainte-Marie-Madeleine
Chor
Vézelay, Frankreich, begonnen nach 1165

KIRCHE SAINT-RÉMI
Hauptschiff
Reims, Frankreich, 1005–49, umgebaut und mit neuem Gewölbe versehen um 1150

Kathedrale von Wells
Hauptschiff
Wells, England, 1190–1230

KATHEDRALE VON CANTERBURY
Chorscheitelkapelle (Becket's Crown)
Canterbury, England, 1175–84

Abteikirche Santa María de Santes Creus
Hauptschiff
Santes Creus, Spanien, 1174–1314

ALTE KATHEDRALE
Hauptschiff
Salamanca, Spanien, 1150–80

Abteikirche Santa Maria d'Alcobaça
Hauptschiff
Alcobaça, Portugal, 1170–1223

Kathedrale Notre-Dame
Hauptschiff
Paris, Frankreich, 1163–1250

KATHEDRALE VON CHARTRES
Hauptschiff
Chartres, Frankreich, 1194–1260, Gewölbe 1217 vollendet

Kathedrale von Bourges
Hauptschiff
Bourges, Frankreich, begonnen 1195, Hauptschiff 1225–55

Kathedrale von Reims
Hauptschiff
Reims, Frankreich, 1211–85

Kathedrale von Soissons
Hauptschiff
Soissons, Frankreich, 1197 begonnen

KATHEDRALE VON SOISSONS
Vierung
Soissons, Frankreich, 1197 begonnen

Kathedrale von Soissons
Chor
Soissons, Frankreich, 1197 begonnen

Kathedrale von Amiens
Hauptschiff
Amiens, Frankreich, 1220–36

Kathedrale von Amiens
Vierung
Amiens, Frankreich, 1269 vollendet

KATHEDRALE VON AMIENS
Chor
Amiens, Frankreich, 1269 vollendet

Kathedrale von Troyes
Südlicher Querschiffarm
Troyes, Frankreich, 1208–40

KATHEDRALE VON TROYES
Nördlicher Querschiffarm
Troyes, Frankreich, 1208–40

KATHEDRALE VON BEAUVAIS
Chor
Beauvais, Frankreich, 1225–1337

KÖLNER DOM
Chor
Köln, Deutschland, 1248 begonnen

Sainte-Chapelle
Hauptschiff
Paris, Frankreich, 1242–48

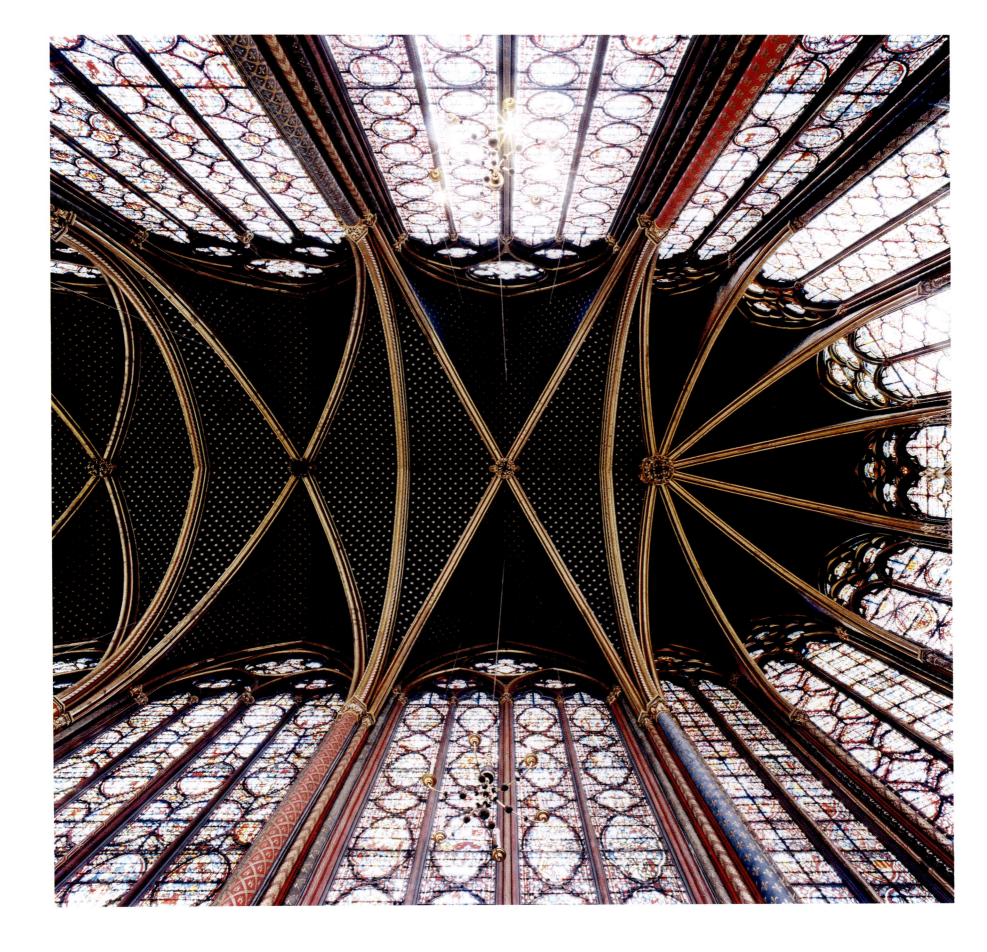

Sainte-Chapelle
Chor
Paris, Frankreich, 1242–48

Stiftskirche Saint-Urbain
Hauptschiff
Troyes, Frankreich, 1262–86

Stiftskirche Saint-Urbain
Chor
Troyes, Frankreich, 1262–86

Kathedrale von Salisbury
Hauptschiff
Salisbury, England, 1220–58

KATHEDRALE VON SALISBURY
Chor
Salisbury, England, 1220–58

KATHEDRALE VON WORCESTER
Hauptschiff
Worcester, England, ca. 1084–1396, Gewölbe 1375–95

KATHEDRALE VON WORCESTER
Chor
Worcester, England, 1224–69

KATHEDRALE VON LINCOLN
St.-Hugo-Chor
Lincoln, England, Gewölbe 1192–1200

Kathedrale von Lincoln
Hauptschiff
Lincoln, England, 1225–53

KATHEDRALE VON LINCOLN
Vierung
Lincoln England, 1238–1311

KATHEDRALE VON LINCOLN
Engelschor
Lincoln, England, 1275–90

Kathedrale von Exeter
Hauptschiff
Exeter, England, 1280 begonnen, Gewölbe 1353–69

KATHEDRALE VON LINCOLN
Kapitelhaus
Lincoln, England, 1220–35

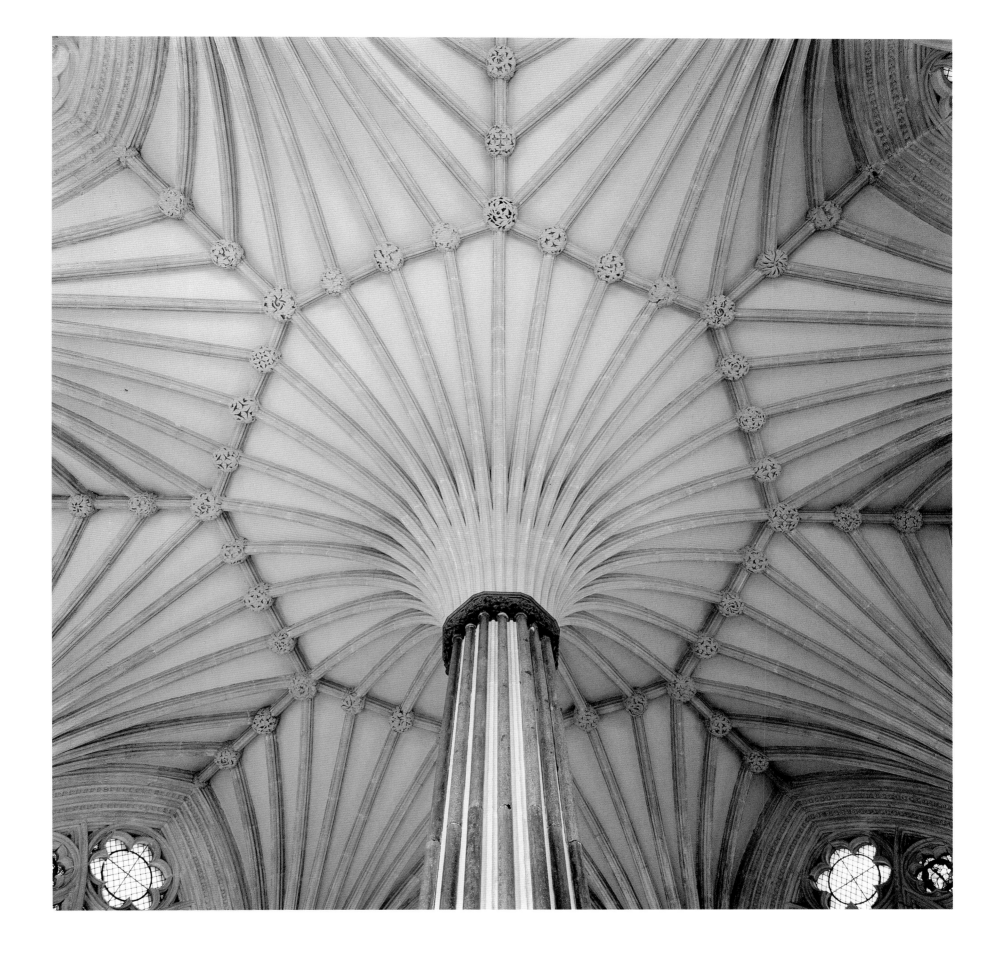

KATHEDRALE VON WELLS
Kapitelhaus
Wells, England, 1298–1305

Abteikirche Les Jacobins
Hauptschiff
Toulouse, Frankreich, 1323–35

ABTEIKIRCHE LES JACOBINS
Chor
Toulouse, Frankreich, 1275–92

Kathedrale Sainte-Cécile
Hauptschiff
Albi, Frankreich, 1282–1480

Basilika San Francesco
Hauptschiff
Assisi, Italien, 1228–53

Dom von Siena
Hauptschiff
Siena, Italien, ca. 1226–1370

Dom von Orvieto
Hauptschiff
Orvieto, Italien, 1280–1368

Kirche Santo Stefano
Hauptschiff
Venedig, Italien, 1325–74

Abteikirche Santi Giovanni e Paolo
Hauptschiff
Venedig, Italien, 1333–1430

Abteikirche Santi Giovanni e Paolo
Chor
Venedig, Italien, 1333–1430

Kirche Santa María del Mar
Hauptschiff
Barcelona, Spanien, 1329–83

Kirche Santa María del Mar
Chorumgang
Barcelona, Spanien, 1329–83

STIFTSKIRCHE SAINT-ROMBAUT
Hauptschiff
Mechelen, Belgien, 1342

Kathedrale Saint-Bavo
Hauptschiff
Gent, Belgien, ca. 1200–1400

LIEBFRAUENKATHEDRALE
Hauptschiff
Antwerpen, Belgien, 1352–1531

Liebfrauenkathedrale
Vierung
Antwerpen, Belgien, 1352–1531

KATHEDRALE VON WELLS
Marienkapelle
Wells, England, 1320–40

Kathedrale von Peterborough
Vierung
Peterborough, England, 1325, 1883–86 wiederaufgebaut

KATHEDRALE ST. PETER (YORK MINSTER)
Kapitelhaus
York, England, ca. 1286–96

Kathedrale von Ely
Marienkapelle
Ely, England, 1321–49

KATHEDRALE VON ELY
Oktogon
Ely, England, 1322–46

KATHEDRALE VON WELLS
Chor
Wells, England, ca. 1329–45

KATHEDRALE VON GLOUCESTER
Chor
Gloucester, England, 1337–67

Kathedrale St. Peter (York Minster)
Hauptschiff
York, England, 1292–1345, Gewölbe 1354–70

KATHEDRALE ST. PETER (YORK MINSTER)
Vierung
York, England, 1407–23, Gewölbe 1470–74

KATHEDRALE VON CANTERBURY
Hauptschiff
Canterbury, England, 1379–1405

KATHEDRALE VON CANTERBURY
Bell-Harry-Turm
Canterbury, England, 1493–1507

Kathedrale von Winchester
Hauptschiff
Winchester, England, 1394–1450

KATHEDRALE VON WINCHESTER
Vierung
Winchester, England, 1475–90

Kirche St. Marien
Hauptschiff
Lübeck, Deutschland, 1277–1351

Kirche St. Marien
Chor
Lübeck, Deutschland, 1277–1351

DOBERANER MÜNSTER
Vierung
Bad Doberan, Deutschland, 1294–1368

Doberaner Münster
Chor
Bad Doberan, Deutschland, 1294–1368

VEITSDOM
Hauptschiff
Prag, Tschechien, 1344–1929

Veitsdom
Vierung
Prag, Tschechien, 1344–1929

Kirche St. Sebald
Chor
Nürnberg, Deutschland, 1359–79

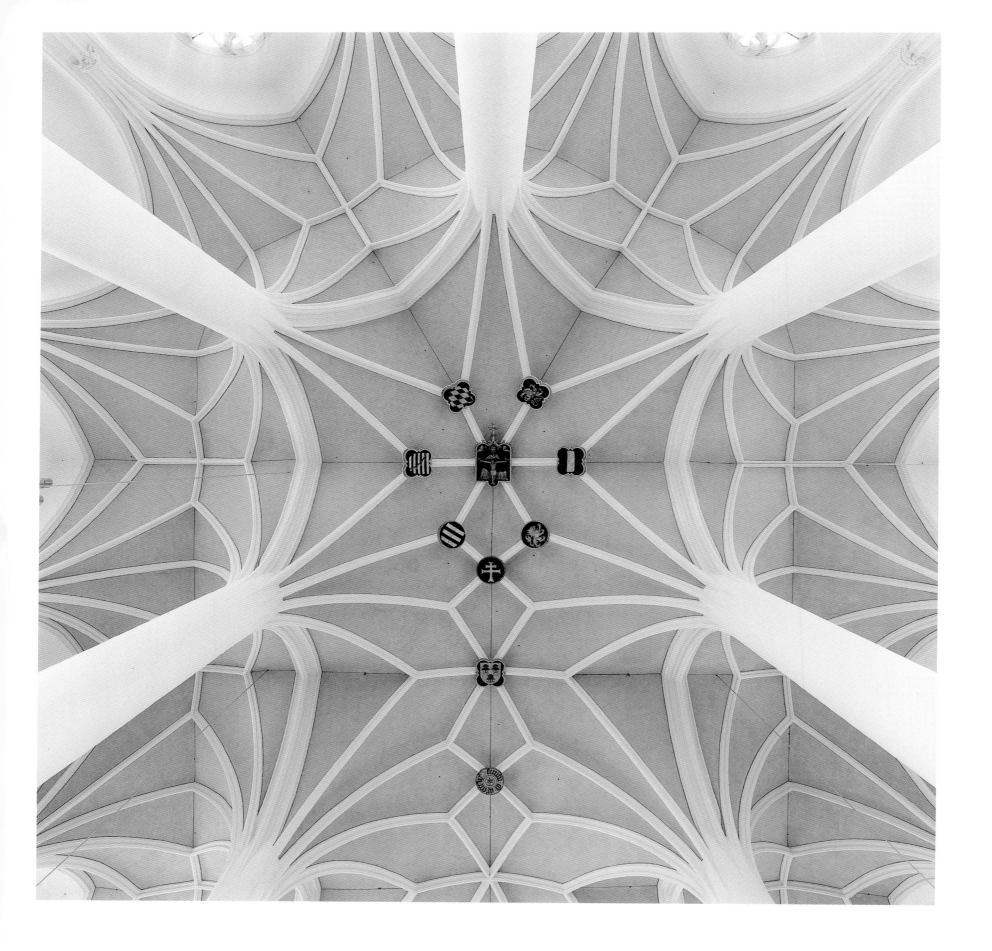

Heilig-Geist-Kirche
Chor
Landshut, Deutschland, 1407–61

KIRCHE ST. JOHANNES
Chor
Dingolfing, Deutschland, 1467–1502

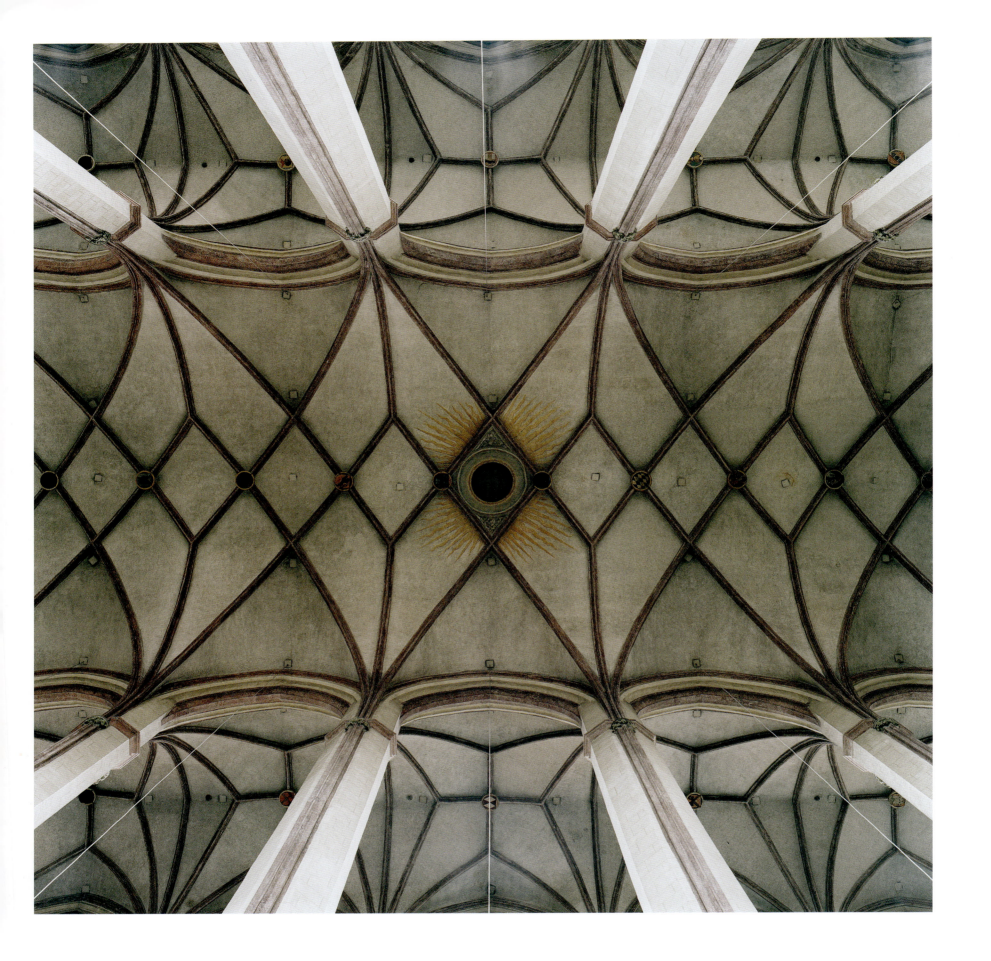

KIRCHE ST. MARTIN
Hauptschiff
Landshut, Deutschland, 1400–80

Kirche St. Martin
Chor
Landshut, Deutschland, 1385–1400

Heilig-Kreuz-Münster
Hauptschiff
Schwäbisch Gmünd, Deutschland, 1315 begonnen, Gewölbe 1497–1521

HEILIG-KREUZ-MÜNSTER
Chor
Schwäbisch Gmünd, Deutschland, 1315 begonnen, Gewölbe 1497–1521

Stephansdom
Hauptschiff
Wien, Österreich, 1359 begonnen, Gewölbe 1467

KIRCHE ST. GEORG
Hauptschiff und Chor
Dinkelsbühl, Deutschland, 1448–99

Frauenkirche
Hauptschiff
München, Deutschland, 1468–94

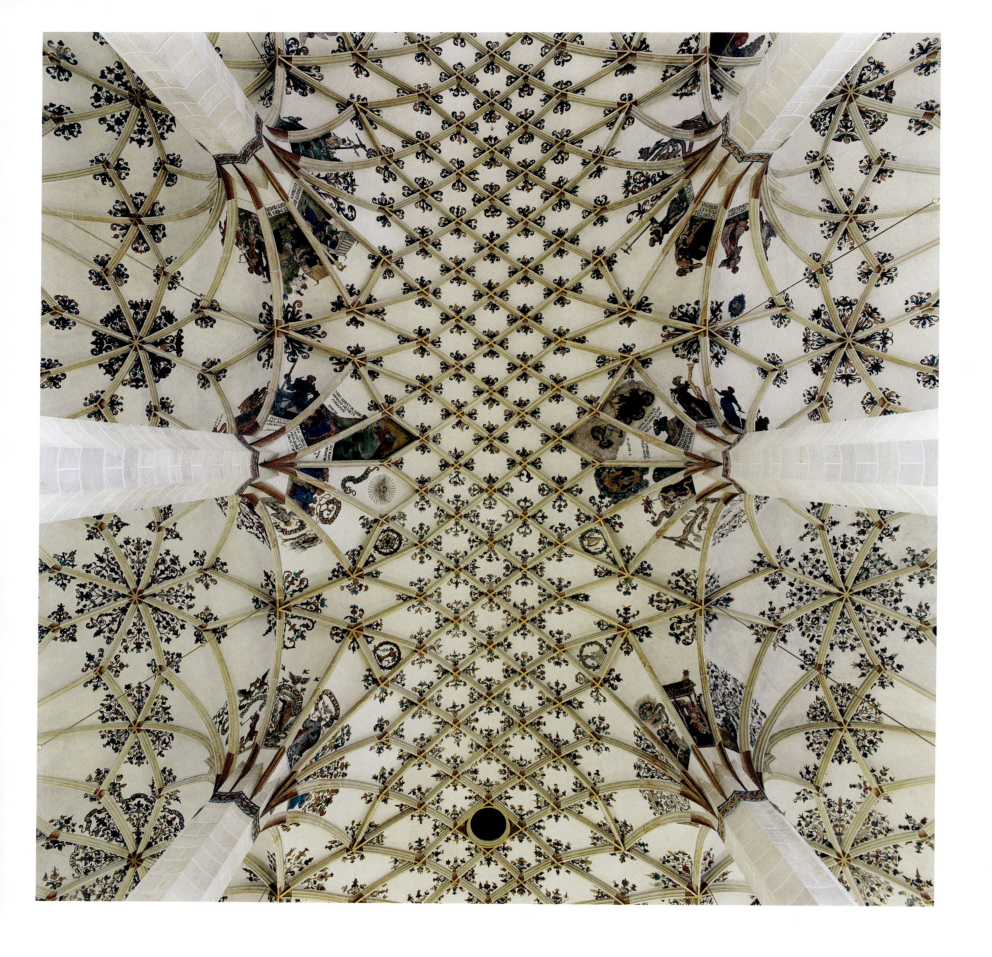

KIRCHE ST. MARIEN
Hauptschiff
Pirna, Deutschland, 1502–46

St. Annenkirche
Hauptschiff
Annaberg-Buchholz, Deutschland, 1499 begonnen, Gewölbe 1519–22

Barbara-Dom
Hauptschiff
Kutná Hora, Tschechien, 1388 begonnen, Gewölbe 1512 entworfen, 1540–48 erbaut

BARBARA-DOM
Chor
Kutná Hora, Tschechien, 1388 begonnen

Marienkirche
Hauptschiff
Stargard Szczeciński, Polen, 1292–1500

Marienkirche
Chor
Stargard Szczeciński, Polen, 1292–1500

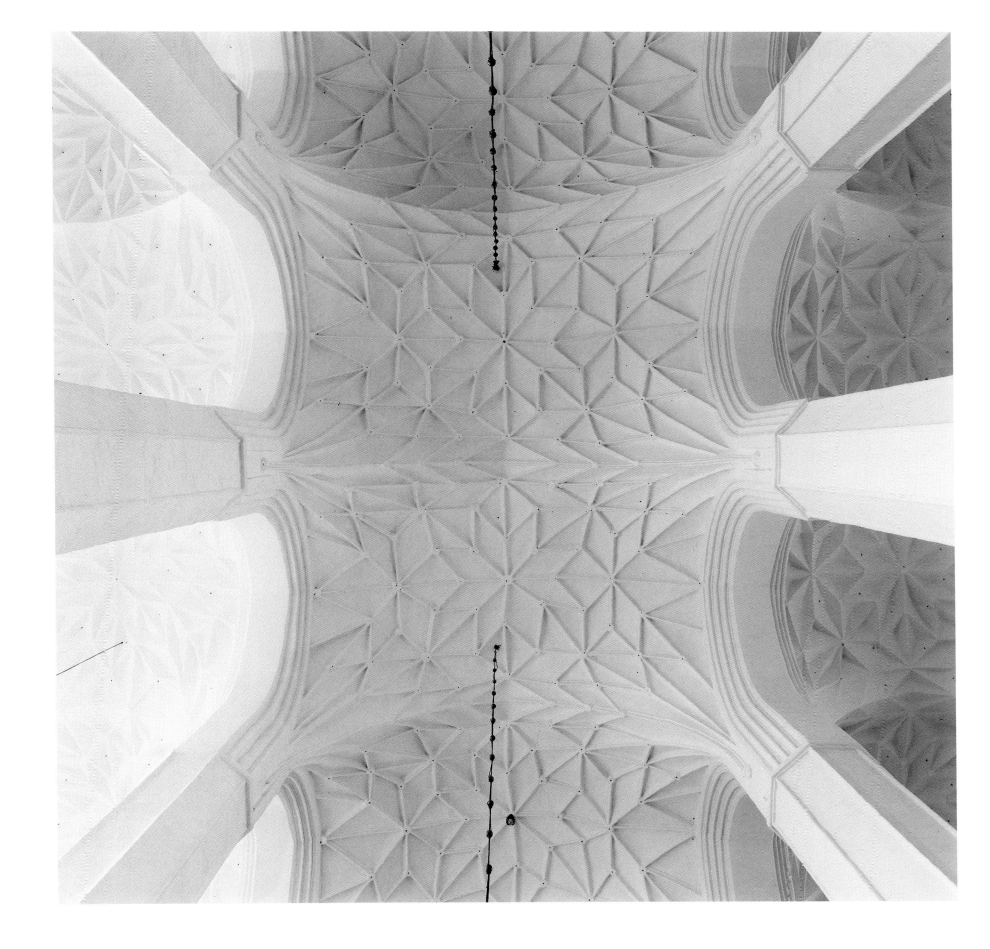

Marienkirche
Hauptschiff
Danzig, Polen, 1379 begonnen, Gewölbe 1496–1502

Dekanatskirche zur Verklärung Christi
Chor
Tábor, Tschechien, ca. 1480–1512

Kirche St. Brigitten
Chor
Danzig, Polen, um 1500

KATHEDRALE VON NORWICH
Chor
Norwich, England, 1096 begonnen, Gewölbe 1472–99

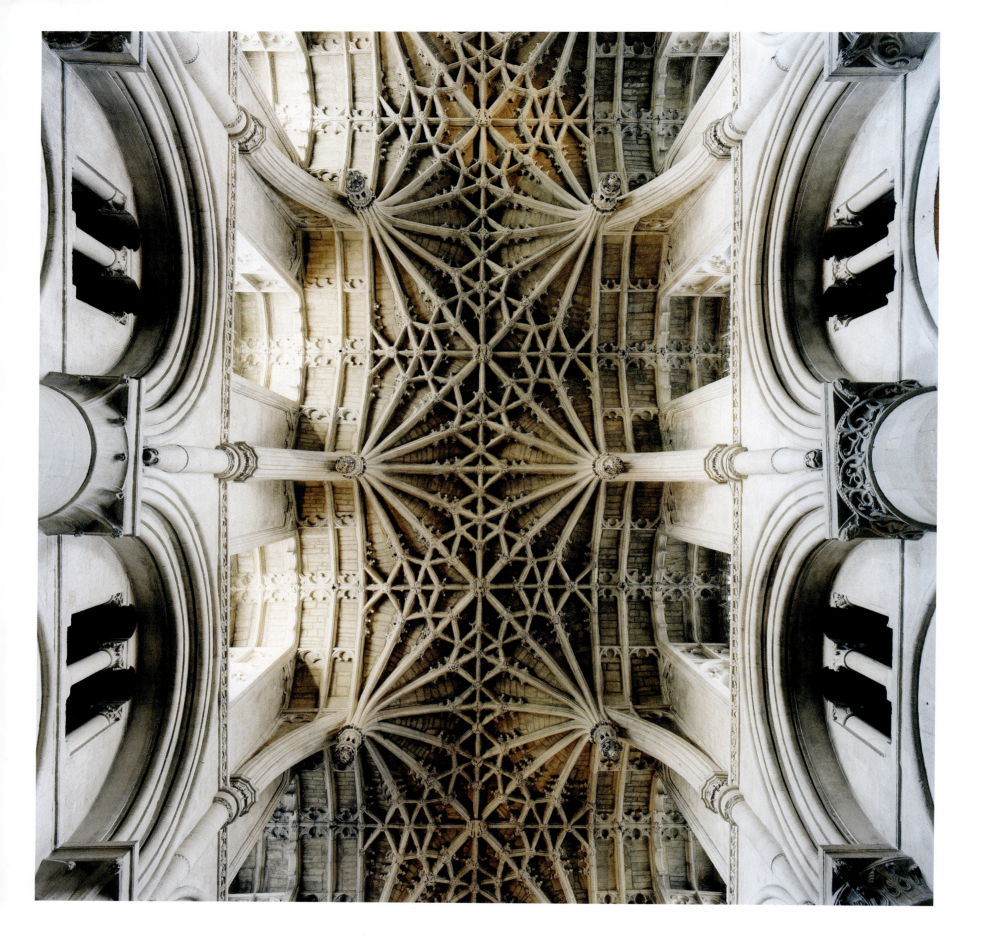

Kathedrale von Oxford
Chor
Oxford, England, Gewölbe 1478–1503

Kapelle des King's College
Chor
Cambridge, England, 1448 begonnen, Gewölbe 1508–15

Abteikirche von Bath
Hauptschiff
Bath, England, 1501–39

ABTEIKIRCHE VON BATH
Vierung
Bath, England, 1501–39

Kirche Saint-Pierre
Chor
Caen, Frankreich, 1528–45

KIRCHE SAINT-PIERRE
Apsis
Caen, Frankreich, 1528–45

Abteikirche Santa Maria da Vitória
Hauptschiff
Batalha, Portugal, 1388 begonnen

Abteikirche Santa Maria da Vitória
Chor
Batalha, Portugal, 1388 begonnen

Abteikirche Santa Maria da Vitória
Stifterkapelle
Batalha, Portugal, 1426–34

Abteikirche Santa Maria da Vitória
Unvollendete Kapellen
Batalha, Portugal, 1435–1533

Abteikirche Santa Maria
Hauptschiff
Hieronymitenkloster, Belém, Portugal, 1501–17

Abteikirche San Juan de los Reyes
Hauptschiff
Toledo, Spanien, 1477–99

Abteikirche San Juan de los Reyes
Vierung
Toledo, Spanien, 1477–99

Abteikirche Santa María del Parral
Chor
Segovia, Spanien, 1455–75

KATHEDRALE VON BURGOS
Vierung
Burgos, Spanien, 1466–1502, 1539 eingestürzt, 1569 neu errichtet

Kathedrale Santa María de la Sede
Hauptschiff
Sevilla, Spanien, 1402 begonnen, Gewölbe um 1515

KATHEDRALE VON PALENCIA
Hauptschiff
Palencia, Spanien, 1321 begonnen, Gewölbe 1514

Neue Kathedrale
Hauptschiff
Salamanca, Spanien, 1512–38

Kathedrale von Segovia
Vierung
Segovia, Spanien, 1522–1768

KATHEDRALE VON SEGOVIA
Chor
Segovia, Spanien, 1563–91

Gotische Gewölbe
Die Geometrie der Transzendenz

Einführung

Betritt man eine gotische Kirche, findet man sich in einer anderen Welt wieder, die mit unserem Alltagsleben nichts zu tun zu haben scheint. Man mag religiös sein oder nicht – in solchen Momenten wird man unwillkürlich von Ehrfurcht ergriffen. Der Blick wandert die klaren vertikalen Linien der Pfeiler hinauf zum Gewölbe, das schwerelos wie ein aufgespanntes Segel oder ein Vogel über den Obergadenfenstern schwebt. Man kann nicht anders: Man muss diese überragenden Bauten mit ihrem unendlichen Variationsreichtum und die Genialität der Baumeister bewundern, die im Mittelalter solch großartige Kirchen erschufen.

Fünf Jahrhunderte lang entwickelten die Architekten der Gotik eine unglaubliche Formensprache für die Gewölbe ihrer Kirchen, die inzwischen als ein Höhepunkt der Baukunst gelten. Ausgehend von den Kuppeln sowie den Tonnen- und Kreuzgewölben ihrer römischen und romanischen Vorläufer, entstanden im 12. Jahrhundert die frühesten gotischen Kreuzrippengewölbe und revolutionierten die Bauweise der Gewölbe. In der Zeit der Hochgotik des 13. und 14. Jahrhunderts experimentierte man mit verschiedenen Konstruktionen, während die Spätgotik im 15. und 16. Jahrhundert immer komplexere und schmuckvollere Gewölbeformen hervorbrachte. Um diese Entwicklung und ihre Verbreitung in Europa nachvollziehen zu können, werfen wir zuerst einen Blick auf die Art und Weise, wie Kirchenbauten einst errichtet wurden.

Mit dem 11. Jahrhundert war die Architektur von Sakralbauten im westlichen Europa bereits zu einem Formensystem von herausragender Stimmigkeit und Vielfalt herangereift. Für gewöhnlich entstand eine bedeutende Kirche über einem kreuzförmigen Grundriss (siehe S. 156) – ein längeres Hauptschiff für die Gemeinde, durchkreuzt von einem etwas kürzeren Querschiff, dessen Arme einander gegenüberliegen. Hinter dem Kreuzpunkt von Haupt- und Querschiff befand sich der Hauptaltar und dahinter der Chor, in dem der Klerus oder die Mönche sich aufhielten. Den Abschluss des Chores bildete eine nach Osten gerichtete halbrunde oder mehreckige Apsis. Oft krönte eine Kuppel oder ein offener Vierungsturm den Kreuzpunkt von Haupt- und Querschiff. Das Hauptschiff konzipierte man zumeist nach einem vorgegebenen Bauschema für Basiliken aus frühchristlicher Zeit: Niedrigere Seitenschiffe flankieren einen großen, erhöhten Raum, der von Obergadenfenstern erhellt wird. Oft trennt ein Mittelgeschoss oder ein Laufgang (Triforium) den Obergaden von den Arkaden der Seitenschiffe ab. In den Kirchen Frankreichs umsäumten seit dem 12. Jahrhundert zudem Seitenschiffe den Chor, während ein halbrunder Chorgang um die Apsis herumführte, die oftmals noch sternförmig mit Kapellenanbauten ausgestattet war.

Symmetrie war maßgeblich für alle großen Sakralbauten. Von den zahlreichen Symmetrien in einem Kirchengebäude war die herausragendste – und die zugleich dem menschlichen Körper am nächsten kommende Symmetrie – die doppelseitige entlang des Langhauses. Die Architekturelemente der beiden Kirchenseiten sind zumeist exakte Spiegelungen, wobei dieses Regelmaß nirgendwo so deutlich wie auf dem Grundriss

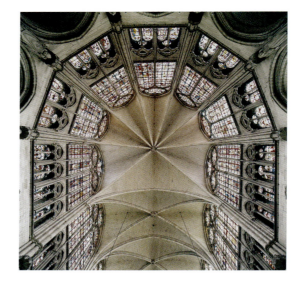

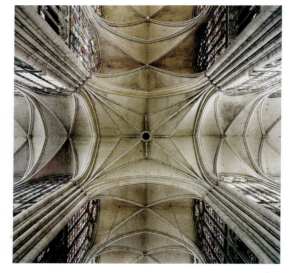

KATHEDRALE VON TROYES *(siehe S. 52–53)*

einer Kirche oder beim Blick hinauf in das Zentrum eines Gewölbes in Erscheinung tritt, wo sich die Rippen gleichmäßig und präzise um die Schlusssteine in der Decke anordnen. Diese Symmetrien verkörperten die Ideale der Harmonie und Vollkommenheit.

Die meisten Kirchen wurden nach einfachen numerischen Größenverhältnissen erbaut – entweder aus pragmatischen oder aus theologischen Gründen. Ein Quadrat mit seinen vier gleich langen Seiten kann problemlos in zwei Bereiche geteilt werden, um so die üblichen Jochproportionen von 1:2 zu erhalten. Außerdem lässt sich ein Quadrat um 45 Grad versetzen, und man erhält ein Achteck – eine häufig verwendete Form für Vierungstürme und Kapellen. Andere Zahlenverhältnisse wurden gern eingesetzt, weil sie sich auf die christliche Symbolik bezogen. So steht die Zahl Drei etwa für die Heilige Dreifaltigkeit, während die Zwölf auf die Anzahl der Apostel verweist. Die Vorstellung von der metaphorischen Bedeutung der Zahlen reicht in die Antike zurück, wo unter anderem für die Pythagoreer bestimmte Zahlen mystische und transzendentale Deutungen zuließen. Auch die Maßverhältnisse 1:2, 2:3 und 3:4 der musikalischen Harmonielehre des heiligen Augustinus übten auf Baumeister besondere Faszination aus.

Die standardisierte Gestalt der Kirchenbauten war ausgesprochen symbolträchtig. Im Mittelalter galten sie fast wortwörtlich als Haus Gottes, als eine Erinnerung an das himmlische Neue Jerusalem, wo die Gerechten mit Gott weilen (Offb. 21, 22). Der Grundriss in Form eines Kruzifixes stand für Christi Sieg über den Tod, und das Kreuz war letztlich auch das Zeichen, das Christi Voraussage nach beim Untergang der Welt am Himmel erscheinen würde (Matt. 24, 30). Auch die Unterteilung des Kirchenraums in einzelne Joche, die sich als günstigste Bauweise für die meisten romanischen und gotischen Kirchen erwies, deutete auf Unendlichkeit und Ewigkeit hin. Indem man die Kirche durch Reihung einer scheinbar unendlichen Anzahl von identischen Einheiten verlängerte, erinnerte man damit an die unermessliche Weite des Himmelreichs.[1]

Das Gewölbe war wesentlich für diese Vorstellung des Himmels. Obwohl die frühen Kirchenbauten vermutlich flache Holzplafonds hatten, entwickelten sich in der Romanik nach und nach stabile, feuerbeständige, gewölbte Decken aus Stein, die die Ewigkeit und das Paradies symbolisierten. Die bildhafte Bedeutung des Gewölbes hat ihre Wurzeln in vorchristlicher Zeit, wie auch die Kuppel als Kreis ohne Anfang und Ende ein uraltes, universelles Zeichen für Unendlichkeit, Ewigkeit, Unsterblichkeit und das Paradies ist. Die Ursprünge der gewölbten Decke finden sich bereits in frühen primitiven Behausungen – archetypische Formen der ersten Hütten –, bei denen als Dach eine Tierhaut über ein einfaches Gestell aus gebogenen Holzstöcken gespannt war.[2] In römischer Zeit wurde es üblich, Mausoleen, Tempel und öffentliche Gebäude mit dauerhaften Gewölben aus Stein auszustatten. Das Pantheon (siehe S. 11 und 161) mit seiner gewaltigen Kuppel, einer der außergewöhnlichsten Bauten der Welt, erinnert noch heute an diese Tradition. Die Himmelskugeln und ihre architektonischen Ableitungen – Bögen, Kuppeln und Gewölbe – sind unmittelbar mit dem Verständnis des Kirchenbaus als irdisches Zeichen für das Himmelreich Gottes verbunden.

Die großen Kirchen des Mittelalters wurden manchmal über viele Jahrhunderte hinweg erbaut. Die Errichtung von Gebäuden aus Stein oder Ziegelmauerwerk – eine eindrucksvolle, beständige, aber ebenso zeitaufwendige wie teure Maßnahme – war ein gewaltiges Unterfangen für einen Auftraggeber. So fällt der Baubeginn am Kölner Dom in das Jahr 1248, die Vollendung des Doms aber fand erst im späten 19. Jahrhundert statt. Auch das Hauptschiff des Prager Veitsdoms, begonnen 1344, wurde im 20. Jahrhundert fertiggestellt. In beiden Fällen vergingen über 500 Jahre – ein Zeitraum, der heutzutage für ein vergleichbares Projekt unvorstellbar wäre. Die langen Bauphasen der in einzelnen Etappen errichteten Kirchenbauten des Mittelalters, ihre häufige Umgestaltung in späteren Zeiten sowie die Tatsache, dass zumeist nur ungenaue Aufzeichnungen über das Bauvorhaben erhalten sind, macht es oft unmöglich, den ersten Entwurf zu datieren und die beteiligten Baumeister zu identifizieren.

Zahlreiche Kirchenbauten entstanden jedoch innerhalb weniger Jahrzehnte und nicht Jahrhunderte. Allein in Frankreich erbaute man zwischen 1180 und 1270 an die 80 Kathedralen, wodurch sich der gotische Stil – wie dieser später genannt wurde – rasch auszubreiten vermochte. Dabei trieben den Bauboom der Kirchen verschiedene gesellschaftliche und wirtschaftliche Faktoren voran. Ausschlaggebend war vor allem das Wiederaufleben des Mönchstums sowie die zunehmende Bedeutung der Städte als Zentren der mittelalterlichen Agrargesellschaft. Es waren sowohl der Bedarf als auch die entsprechenden finanziellen Mittel zur Verwirklichung neuer Bauprojekte vorhanden. Die rasche Ausbreitung und der zunehmende Reichtum der Orden führten zum Bau immer neuer Abteikirchen, während die rasch wachsende städtische Bevölkerung, deren Wohlstand sich mehrte, ebenfalls zahlreiche bedeutende Kirchenbauten in Auftrag gab. Diese Tatsache spiegelt sich im vorliegenden Buch wider, das nicht nur großartige Kathedralen – die traditionellen Bischofssitze –, sondern auch Ordens-, Stifts- und Gemeindekirchen zeigt. Obgleich eine Förderung durch Kaiser oder König wichtig war und es einige Beispiele für Monarchen gibt, die den Bau einer Kirche finanzierten, stammte das nötige Geld gewöhnlich aus vielen Quellen, unter anderem aus Ablässen, Kollekten und Schenkungen. Häufig erteilte ein Baugremium, das an das Domkapitel angegliedert war, aber separat agierte, derartige Großaufträge.[3]

Welche Rolle der jeweilige Schirmherr eines Bauprojekts bei der Auswahl des ersten Entwurfs spielte, kann meist nicht mehr rekonstruiert werden. Selbstverständlich wurden liturgische Bedürfnisse dabei berücksichtigt, doch diese waren standardisiert und ließen sich hinsichtlich ihrer Platzierung innerhalb der Kirche flexibel handhaben. Zweifelsohne spiegelte der Entwurf stets auch ein gewisses Konkurrenzbewusstsein des Auftraggebers wider. Nahm man in den eigenen Bau Besonderheiten anderer Kirchen auf, von denen man entweder durch räumliche Nähe oder durch deren Berühmtheit wusste, verlieh man dem eigenen Projekt mehr Prestige. Kein Monarch oder Bischof wollte zudem eine Kirche errichten, deren Bauweise bereits veraltet wirkte. So lässt sich die Entwicklung der mittelalterlichen Kirchenarchitektur durchaus als ein Prozess der formalen Anleihen bei bereits existierenden Gebäuden oder des Zitierens berühmter Vorbilder sehen, verbunden mit einem gewissen Grad des Einfallsreichtums, der nötig war, um die individuellen Schwierigkeiten des jeweiligen Bauvorhabens zu lösen.

Von den Baumeistern verlangte die Errichtung einer bedeutenden Kirche oder Kathedrale eine komplexe Mischung aus Organisationstalent, technischem Wissen und Kreativität. In der Gotik wurden bereits die Namen der ausführenden Baumeister aufgezeichnet – erstmals seit dem frühen Mittelalter –, was die große Bewunderung für deren Fähigkeiten wiedergibt. Da in der Frühgotik jedoch kaum Aufzeichnungen überliefert sind, bleiben die meisten Architekten heute unbekannt. Für gewöhnlich stimmte der Baumeister die einzelnen Arbeitsschritte aufeinander ab und leitete sämtliche Aspekte des Projekts. Er besaß in der Regel eine akademische Ausbildung und hatte sich meist mühsam vom Steinmetzlehrling hochgearbeitet. Von großer Bedeutung waren Familienverbindungen, denn wie üblich, ergriffen in dieser Zeit die Nachkommen von Steinmetzen ebenfalls den Beruf des Vaters, und Baumeistersöhne wurden mit großer Wahrscheinlichkeit wieder Baumeister. Exemplarisch zeigt dies die Familie der Parler. Heinrich Parler, vermutlich aus Köln, arbeitete in Schwäbisch Gmünd am spätgotischen Hauptschiff des Heilig-Kreuz-Münsters, während andere Mitglieder der Familie an solch bedeutenden Bauprojekten wie dem Ulmer Münster und dem Prager Veitsdom beteiligt waren – unter anderen Peter (wahrscheinlich der Sohn Heinrichs), Heinrich II., Heinrich III., Michael I., Michael II. sowie Peter Parlers Söhne Wenzel und Johannes. Peter Parler, der für seine innovativen Arbeiten an den spätgotischen Kathedralen in Prag und im böhmischen Kutná Hora bekannt ist, war so berühmt, dass man sein in Stein gemeißeltes Konterfei neben das von Erzbischöfen und Königen im Triforium des Veitsdoms in Prag setzte.[4]

Die Steinmetzen, die an einem Bau mitwirkten, arbeiteten in Werkstätten oder Bauhütten, wo sie zuerst ihre Lehre absolvierten. Zwischen den Werkstätten fand ein reger Austausch von Arbeiten und Wissen statt, und die Meister waren immer wieder an anderen Baustellen tätig, vor allem dann, wenn sie sich einen Namen gemacht hatten. Es gibt Hinweise darauf, dass einige Meister sogar Studienreisen unternahmen, um bestimmte Gebäude in Augenschein zu nehmen. Dieser Wissenstransfer trug wesentlich zur Verbreitung der gotischen Architekturformen in Europa bei. Auch die Bauhütten spielten eine große Rolle bei der Entwicklung der Architektur und der Standardisierung der Bauelemente. Vor allem in Regionen Europas, in denen im Winter nicht im Freien gebaut werden konnte, da der Mörtel einfror, fuhr man in beheizten Werkstätten mit dem Bearbeiten von Bauelementen wie Teilen der Rippen fort, indem man Muster der Meister verwendete. Wahrscheinlich wurden auch maßstabsgetreue Zeichnungen eingesetzt, um wichtige Entwurfsfragen zu klären, denn man findet derartige Entwürfe eingeritzt in Oberflächen, etwa in den Kirchenboden. Nur selten existieren aus der Frühgotik Bauzeichnungen, die wie kleinformatige Modelle Entwürfe festhalten. In der Spätgotik waren Bauzeichnungen und detaillierte Pläne bereits verbreitet.

Um einen großen Kirchenbau errichten zu können, bedurfte es neben engagierten Steinmetzen noch einer Anzahl weiterer spezialisierter Handwerker und Mittel. Zuerst aber mussten der Boden eingeebnet und bereits vorhandene Bauten abgerissen werden, bevor man den Grundstein legte – allesamt Arbeiten, die auch ungelernte Kräfte erledigen konnten. Das Baumaterial wurde in Steinbrüchen abgebaut oder man richtete eine Ziegelei für die Herstellung von Backstein ein. Voraussetzung war das Vorhandensein einer Gießerei und Schmiede in der Nähe, um sowohl Werkzeuge für die Steinmetzen herzustellen und zu reparieren, als auch andere Eisenteile für den Bau wie Ankerstangen und Klammern zu liefern. Für die Errichtung eines Großbaus brauchte man außerdem ausreichend Bauholz und geschickte Zimmerleute.

Holz wurde in allen Bauphasen benötigt, doch gab es vor allem drei Zeitpunkte, an denen der Einsatz dieses Materials ausschlaggebend war. Zuerst einmal halfen Stützen und Streben aus Holz bei der Stabilisierung der Wände während ihrer Errichtung. Sobald das Gebäude in die Höhe wuchs, mussten Holzgerüste für die Steinmetzen errichtet werden. Und schließlich sicherten Schalungen oder Lehrgerüste aus Holz die Steingewölbe, bis sich der Mörtel gesetzt und diese selbsttragend waren.

Schalungen bildeten immer nur eine zwischenzeitliche Lösung. Es gibt so gut wie keine Hinweise darauf, wie diese damals im Detail funktionierten. In der Frühgotik wurden kaum Sägen benutzt. Stattdessen bearbeitete man das Holz mit sogenannten Querbeilen, was das Zuschneiden der Streben und Balken zeit- und materialaufwendig gestaltete. Die Fertigung der Schalung stellte die Zimmerleute vor eine Anzahl von Problemen, da sie stark genug sein musste, um das gewaltige Gewicht der Steinblöcke des Gewölbes zu tragen. Gleichzeitig musste sie intakt entfernt werden können, sobald die Decke selbsttragend war, damit man die wertvollen schweren Hölzer noch einmal verwenden konnte. Nur vereinzelt existieren Aufzeichnungen darüber, wie dies bewerkstelligt wurde. Vermutlich praktizierte man ein Verfahren, bei dem sich die Schalung Stück für Stück durch Wegschlagen einander gegenüberliegender Keile abbauen ließ. Dieser Vorgang war der schwierigste und riskanteste Teil des ganzen Bauprozesses, denn jetzt stellte sich heraus, ob das Steingewölbe standhielt.

Die kleinen Löcher, die in Mauern von mittelalterlichen Kirchen noch heute zu sehen sind, resultieren wahrscheinlich daraus, dass viele der zeitweise eingesetzten Holzgerüste nicht ganz bis zum Boden reichten. Durch geschickte Nutzung der Löcher als Abstützpunkte, die man im Nachhinein wieder abdichten konnte, wanderten die Gerüste die Wände hinauf nach oben. Kanten in der Mauerkonstruktion dienten als Stützen für die Schalung und die Pfeiler, wodurch sich viel Material einsparen ließ. Holz war außerdem für die Dachkonstruktion vonnöten, die man als Schutz für das ganze Gebäude, insbesondere aber die Gewölbe, schon während des Baus brauchte. Sobald die Mauern hochgezogen waren, wurde das Dach errichtet, um sowohl eine wetterfeste Baustelle als auch eine feste Plattform zu gewinnen, von der aus weitere Baumaterialien in die Höhe gehievt werden konnten.[5]

Je nach Bau variierten die einzelnen Etappen. Bei den meisten Kirchen entstand der liturgisch wichtige Chor im Osten zuerst, um das Gebäude nutzen zu können, ehe es fertiggestellt war. Die Jochbauweise entwickelte sich in der Romanik und war von großem Vorteil, da der halbkreisförmige oder mehreckige Abschluss der Apsis durch die Joche Stabilität erhielt. Angrenzende Joche konnten nach und nach angesetzt werden, wobei jedes Joch seine Stabilität vom vorhergehenden erhielt. Das Jochsystem, eine Aneinanderreihung beinahe identischer Elemente, sparte nicht nur Zeit, sondern auch Material für die Gerüste, denn mit dem Fortschreiten des Baus von Osten nach Westen konnten so Pfeiler, Stützen und Schalungen ohne wesentliche Veränderung immer wieder zum Einsatz kommen. Beim Bau der Tonnengewölbe der großen romanischen Pilgerkirchen, etwa der Abteikirche Sainte-Foy (Conques, Frankreich), der Basilika Saint-Sernin (Toulouse, Frankreich) und der Kathedrale von Santiago de Compostela (Spanien) – waren für jede Schalung riesige rollende Gerüste in Gebrauch, die an Belagerungsmaschinen erinnerten. Diese und ähnliche Geräte benutzten schon die römischen Baumeister, um massive Steinbauten wie die Aquädukte zu errichten.

Die Ursprünge der gotischen Gewölbe (100–1190). Von den Römern bis in die Romanik – Kuppeln, Tonnen- und Kreuzgewölbe

Die Baumeister des Mittelalters vermochten teilweise vor Ort die eindrucksvollen Gewölbe aus der römischen Zeit zu studieren und sich davon inspirieren zu lassen. Die Römer hatten eine architektonische Formensprache entwickelt, die vom Kreis ausging, und entwickelten aus dieser Form Bögen, Kuppeln, Tonnen- und Kreuzgewölbe. Sie errichteten damit monumentale Bauten, von denen viele noch heute stehen. Ein Großteil des römischen Bauwissens ging in frühchristlicher Zeit verloren und musste von den romanischen und gotischen Baumeistern neu erfunden werden. Manche technische Errungenschaft aus römischer Zeit wurde erst in unserer Zeit wiederentdeckt, wie das Geheimnis des Wassermörtels, den die Römer aus Vulkanasche, Kalk und Wasser entwickelten. Im Gegensatz zu den einfacheren Kalkmörteln mittelalterlicher Bauten muss Wassermörtel nicht trocknen, sondern haftet durch die chemische Verbindung mit Wasser. Er ist beständiger als Kalk- und Sandmörtel und konnte für die Befestigung von Steinblöcken eingesetzt werden, aber auch in Verbindung mit Gesteinskörnung zu Beton verarbeitet werden – ein Material, das bei einem der großartigsten römischen Bauwerke zum Einsatz kam: dem PANTHEON (117–138).[6] Dieser Bau Kaiser Hadrians trägt eine monolithische Kuppel von gewaltigen 43 Metern Durchmesser – eine Spannbreite, die erst über 1000 Jahre später mit Filippo Brunelleschis Kuppel von Santa Maria del Fiore in Florenz (1418–34) wieder erreicht werden sollte. Die Kuppel des Pantheon besteht aus Puzzolana-Beton, eine Mischung aus leichtem, vulkanischem Tuff, die das Gewicht und den Druck auf die tragenden Wände des Rundbaus verringert. Im Inneren setzte man eine Kassettendecke ein, um das Gewicht abermals zu reduzieren. Entfernt man das Gittermuster, erinnert die Kuppel an spätere gotische Gewölbe.[7]

PANTHEON (siehe S. 11)

Die römischen Baumeister verwendeten nicht nur unbewehrten Beton, sondern erwiesen sich ebenso als Experten beim Bau monumentaler Bögen und Gewölbe aus massiven Steinblöcken. Noch heute kann man ihre Kunstfertigkeit in den zahlreichen Aquädukten bewundern, die aus Reihen riesiger Steinbögen bestehen. Als einfachste Gewölbeform römischer Zeit war das halbrunde Tonnengewölbe in Gebrauch. Die technische Herausforderung bei dieser Form besteht in der Ableitung der seitlichen Schubkräfte, denn das Gewicht der Decke drückt direkt auf die tragenden Mauern. Wie bei einem gemauerten Bogen bleibt auch ein Tonnengewölbe daher nur so lange stabil, wie dieser Druck von stützenden Mauern und Pfeilern gehalten wird.

Für Kultstätten und Bäder verwendeten die römischen Baumeister Kreuzgewölbe, die sich aus zwei überlagernden Tonnengewölben ergeben. Dieser neue Gewölbetypus bietet den entscheidenden Vorteil, dass er zum einen den gewaltigen Druck auf die Mauern reduziert und zum anderen erlaubt, an den diagonalen Endpunkten hohe Fenster einzusetzen. Die Kreuzgewölbe der DIOKLETIANSTHERMEN (298–306) in Rom, die Papst Pius IV. im Jahr 1561 von Michelangelo zur Kirche Santa Maria degli Angeli umgestalten ließ, sind hierfür beispielhaft.[8] Jedes der drei rechteckigen Kreuzgewölbe umfasst 17 Meter und ist 22,5 Meter hoch.[9] Den nach außen gerichteten Schubkräften widerstehen dicke Mauern, deren Massivität dennoch nicht den Einfall des Lichts beeinträchtigt, das durch große Obergadenfenster in den Raum einströmt.

Kreuzgewölbe gerieten nach dem Zerfall des Römischen Reichs in Vergessenheit, bis karolingische und romanische Baumeister diese Gewölbeform erneut einzusetzen begannen. Obwohl die römischen Bautechniken im frühen Mittelalter zum Großteil nicht mehr bekannt waren, setzten sich die Baumeister der nachfolgenden Zeit dennoch mit der Formensprache ihrer Vorgänger intensiv auseinander. So blieb auch die Kuppel in der Entwicklung der christlichen Baukunst stets eine zentrale Gewölbeform.[10] Überzeugend präsentiert sie sich im Bau von SAN MARCO (begonnen 1063) in Venedig, mit einem Grundriss in Gestalt eines griechischen Kreuzes und fünf Kuppeln, deren Gewölbe wie das gesamte Innere der Kirche mit funkelnden Goldmosaiken ausgekleidet sind. Wuchtige Bogenkonstruktionen stützen die einzelnen Kuppeln und verbinden, kurzen Tonnengewölben gleich, die verschiedenen Raumabschnitte miteinander. Die gewaltige Kuppelkirche HAGIA SOPHIA (537 geweiht) in Konstantinopel wiederum beeinflusste eine Reihe anderer großer Bauten und galt auch als Vorbild für San Marco in Venedig sowie die Kuppelkirchen im französischen Aquitanien. Diese haben oft den Grundriss eines griechischen Kreuzes, manchmal auch ein langes Hauptschiff mit einer Reihe von Kuppeljochen, wie die ABTEIKIRCHE VON FONTEVRAULT (1105–19).[11]

Außer Kuppeln setzte man in der romanischen Architektur flache Holzdecken ein, die entweder dauerhaft gedacht waren oder als Provisorium eingezogen wurden, um später durch ein Tonnen- oder Kreuzgewölbe aus Stein ersetzt zu werden. Einige der schönsten Beispiele derartiger Holzdecken finden sich in Italien, unter anderem in der wunderbaren Basilika SAN MINIATO AL MONTE (1013–62) in Florenz.[12]

QUERSCHNITT EINES TONNENGEWÖLBES
DIOKLETIANSTHERMEN IN ROM *(siehe S. 12)*
KIRCHE SAN MARCO IN VENEDIG *(siehe S. 16)*
ABTEIKIRCHE VON FONTEVRAUD *(siehe S. 17)*
BASILIKA SAN MINIATO AL MONTE IN FLORENZ *(siehe S. 13)*

In San Miniato al Monte schwebt die bemalte Holzdecke mit offen liegenden Dachbalken und Sparren förmlich über den Wänden, die in einem dekorativen Schwarz-Weiß-Ornament mit poliertem Marmor verkleidet sind. Dieser Effekt wird in der normannisch-byzantinischen Kathedrale von Monreale (1174–82) in Sizilien durch die Vergoldung der exponierten Dachbalken des Hauptschiffs und der Vierung intensiviert, wobei sich das Motiv der vergoldeten Decke auch auf den Mosaikwänden fortsetzt.[13] Die Wandgestaltung dieser beiden Kirchen ist typisch für die italienische Romanik. Die Wände sind plan und weisen große Flächen für Bildzyklen auf, ohne von vertikalen Jochkonstruktionen unterbrochen zu werden. Darin unterscheiden sie sich deutlich von den romanischen Wallfahrtskirchen in Frankreich und Spanien mit ihren großen Tonnengewölben, die durch Joche untergliedert sind.

Der Jakobsweg und seine Wallfahrtskirchen
Eine der wichtigsten Wallfahrtsrouten im Mittelalter war der Jakobsweg. Die vielen Tausende von Pilgern, die bereit waren, die lange Strecke nach Santiago de Compostela im Nordwesten Spaniens zurückzulegen, um dort das Grab des Apostels Jakob zu besuchen, zeugen von der weitverbreiteten Frömmigkeit im Mittelalter und von dem Kult um Reliquien. Die meisten Menschen verstanden den Tod als den kurzen Übergang von diesem Leben zum nächsten – entweder in den Himmel oder die Hölle. Kirchen, die als kostbares Gehäuse für die Aufbewahrung wichtiger Reliquien errichtet worden waren, wie die Kathedrale von Santiago de Compostela (1075–1211), wurden zu beliebten Anlaufstätten der Gläubigen, denn diese hofften, dort ihre Chancen auf den Eintritt ins Himmelreich erhöhen zu können.

Die Kathedrale von Santiago de Compostela steht exemplarisch für einen weitverbreiteten Typus der Wallfahrtskirche, zu dem zahlreiche große Bauten in Frankreich entlang der Hauptrouten des Jakobswegs zählen – unter anderen die Kirche Saint-Sernin (1077–1120) in Toulouse und die Abteikirche Sainte-Foy (um 1050–1130) in Conques. Diese Gotteshäuser weisen in der Regel ein langes Hauptschiff mit Seitenschiffen auf, Emporen sowie ein großes Querschiff mit einem Vierungsturm. Das Hauptschiff wird von einem Tonnengewölbe bedeckt, das bei der Kathedrale von Santiago de Compostela beeindruckende 20,7 Meter hoch ist. Rechtwinklige Pfeiler mit angefügten Vorlagen gehen hier in schwere, diagonale Bögen über, welche die rechtwinkligen Joche begrenzen.[14]

Ähnlich ist die Abteikirche Sainte-Marie-Madeleine (1096–1132) im französischen Vézelay gestaltet, die am Anfang einer wichtigen Pilgerroute nach Santiago de Compostela steht. Die Wände der Basilika sind planer und durchgehender gehalten als in den Kirchen in Santiago de Compostela, Conques oder Toulouse. Ihre rechtwinkligen Joche bilden ein Kreuz- und kein Tonnengewölbe – wobei die leicht gewölbten Kreuzgrate exemplarisch zeigen, mit welchen Schwierigkeiten die Baumeister zu kämpfen hatten, um über rechtwinkligen Jochen gerade Kreuzgewölbe zu konstruieren.

Kathedrale von Monreale *(siehe S. 14)*
Kathedrale von Santiago de Compostela *(siehe S. 21)*
Kirche von Saint-Sernin *(siehe S. 19)*
Abteikirche Sainte-Foy in Conques *(siehe S. 18)*
Abteikirche Sainte-Marie-Madeleine in Vézelay *(siehe S. 24)*

Vermutlich waren die technischen und ästhetischen Probleme, ein schlichtes gewölbtes Kreuzgratgewölbe zu schaffen, das für das Auge gerade wirkt, ein wesentlicher Grund für die Baumeister der Frühgotik, das Kreuzrippengewölbe zu entwickeln.[15]

Zwei große, bedeutende romanische Kirchen, die in gewisser Weise mit dem Typus von Sainte-Marie-Madeleine in Vézelay verwandt sind, finden sich am Rhein: Der DOM ZU SPEYER (1030–61) und ST. PETER (1110–81) in Worms. Die Höhe des Hauptschiffs in Speyer beträgt 31 Meter.[16] Wie in Vézelay sind die Wände plan und durchgehend gestaltet, da die Seitenschiffe durch niedrige Säulengänge verbunden sind und es statt Emporen ein Fenstergeschoss gibt. Obwohl die Pfeiler noch Vorlagen aufweisen, die in Doppelbögen übergehen, sind die Joche quadratisch und nicht mehr rechteckig. Über ihnen befindet sich ein Kreuzgewölbe, das zwischen 1087 und 1137 entstand. St. Peter in Worms aus dem Jahr 1171 trägt bereits ein Kreuzrippengewölbe.[17]

Mönchstum und Spitzbogen

Die große Frömmigkeit des Mittelalters, die sich unter anderem im Wallfahrtswesen niederschlug, ließ auch die Bedeutung des Mönchstums rapide wachsen. Der Kirchenbau erlebte eine Phase der Hochkonjunktur. Damals teilte sich sie Gesellschaft in drei Schichten – Klerus, Ritter, gemeines Volk –, die sich durch ihre jeweiligen Beschäftigungen wie Beten/Unterrichten, Kämpfen/Verteidigen, Arbeiten/Bewirtschaften voneinander unterschieden. Ursprünglich waren die Mönche nicht ordiniert und nahmen irgendwo zwischen dem Klerus und den Laien eine Sonderstellung ein. Ihr abgeschiedenes Leben galt als ein Beweis ihrer religiösen Hingabe. Die Mönche stammten oft aus privilegierten, wohlhabenden Familien, und ihre Aufnahme in ein Kloster hing zumeist von zwei Bedingungen ab: von der geistigen Eignung des Bewerbers und einem Geschenk, das häufig in Form von Grundbesitz gemacht wurde. Dadurch sammelten die Klöster im Laufe der Jahre beträchtliche Reichtümer an. So entwickelte sich etwa im 11. Jahrhundert in Burgund das Kloster von Cluny, das im Jahr 910 von Wilhelm I. von Aquitanien gegründet worden war, zu einem der mächtigsten Zentren der Christenheit. Auf dem Höhepunkt seiner Machtentfaltung herrschten die dortigen Benediktineräbte über mehr als tausend weitere Klöster.[18]

Der gewaltige dritte Kirchenbau, der in Cluny errichtet wurde (1088–1121) und inzwischen fast ganz zerstört ist, war als eines der größten und prunkvollsten Gotteshäuser im westlichen Europa geplant, mit einem Hauptschiff von schwindelerregenden 29,5 Metern Höhe.[19] Das in Cluny eingesetzte Spitzbogengewölbe löste dabei endlich ein statisches Problem, das sich beim Bau eines Tonnengewölbes über Fenstergeschossen ergibt: Halbrunde Tonnengewölbe erzeugen immense Druck- und Schubkräfte nach außen, welche die tragenden Wände oben auseinanderdrücken. Die steileren Seitenwände der sogenannten burgundischen Spitztonne in der Abteikirche von Cluny verursachen jedoch deutlich weniger Druck und machten es außerdem leichter, ein Dach über die hohen Wände mit den Fenstergeschossen aufzusetzen.

DOM ZU SPEYER (siehe S. 22)
DOM ST. PETER IN WORMS (siehe S. 23)
QUERSCHNITT EINER SPITZTONNE

Ein frühes Beispiel einer Spitztonne kann man heute noch in der zisterziensischen ABTEIKIRCHE VON FONTENAY (1139–47) bewundern. Wie die Mönche von Cluny waren die Zisterzienser ebenfalls ein zentralistisch organisierter Orden, der 1098 von Robert von Molesme im französischen Saint-Nicolas-lès-Cîteaux gegründet worden war.[20] Im Gegensatz zum Prunk der Kirche von Cluny spiegelte sich die Strenge der zisterziensischen Ordensideale auch in ihrer Architektur wider. Die Abteikirche von Fontenay hat keinen Obergaden. Lediglich die Fenster an beiden Enden und in der Vierung dienen als Lichtquelle. Das lange Tonnengewölbe ist im Querschnitt spitz. Spitze Doppelbögen – im Querschnitt rechteckig – reichen aus den angefügten Vorlagen und unterteilen die Joche. Die spitzen Bögen der Säulengänge greifen dieses schlichte Motiv erneut auf. Im Vergleich zum Kreuzgewölbe in der Abteikirche Sainte-Marie-Madeleine in Vézelay läuft das Tonnengewölbe in der Abteikirche von Fontenay weitaus steiler zu, was für die Entwicklung der gotischen Gewölbe ausschlaggebend werden sollte. In den folgenden Jahrhunderten errichteten die Zisterzienser zahlreiche Klöster in ganz Europa und trugen so zur Verbreitung der Gotik wesentlich bei.

NORMANNISCHE ARCHITEKTUR UND ERSTE KREUZRIPPENGEWÖLBE
Neben der Spitztonne spielten für die Entwicklung der gotischen Gewölbe die exakt bearbeiteten Rippen für die Kreuzgewölbe eine wichtige Rolle. Sie tauchen während des 11. und 12. Jahrhunderts zuerst in normannisch-romanischen Kirchenbauten auf. Nachdem sich die Normannen um 911 im nördlichen Frankreich niedergelassen hatten und zum Christentum übergetreten waren, bauten sie eine große Anzahl von Kirchen in der Normandie – und nach der Eroberung durch die Normannen im Jahr 1066 auch in England. Viele dieser Gotteshäuser gehörten zu Abteien, wie etwa die Kirche SAINT-ÉTIENNE (1066), die von Wilhelm dem Eroberer in Caen gestiftet wurde. Dieser Bau ist typisch für den einheitlichen normannisch-byzantinischen Stil jener Zeit. Er zeichnet sich durch vertikale Unterteilungen der Pfeiler mit Vorlagen aus, die sich wie in den Wallfahrtskirchen entlang des Jakobswegs als Doppelbögen durch das Gewölbe spannen. Bögen werden auch entlang der Säulengänge verwendet, wodurch eine große Einheitlichkeit entsteht. Dazu gesellen sich Emporen, die beinahe ebenso hoch hinaufreichen wie die Säulengänge. Dadurch ergibt sich der charakteristische Eindruck dicker Mauern, den die räumliche Tiefe noch verstärkt. Wie die Wallfahrtskirchen entlang des Jakobswegs weist auch Saint-Étienne einen Vierungsturm auf.

Statt der Tonnengewölbe der Wallfahrtskirchen bevorzugten die normannischen Baumeister das Kreuzgewölbe. Diese Tatsache war letztlich ausschlaggebend für die weite Verbreitung dieser Form, die man vermutlich erstmals für die Seitenschiffe der KATHEDRALE VON DURHAM (1093–95) im Norden Englands einsetzte, bevor das Kreuzgewölbe im 12. Jahrhundert überall in Europa Verwendung fand. Das Gewölbe, das sich heute in Saint-Étienne in Caen befindet, entstand erst 1616, wahrscheinlich als Kopie des ursprünglichen Kreuzrippengewölbes aus dem 12. Jahrhundert (1120–35).[21]

ABTEIKIRCHE VON FONTENAY (siehe S. 25)
KIRCHE SAINT-ÉTIENNE IN CAEN (siehe S. 27)
KIRCHE SAINT-ÉTIENNE IN CAEN (siehe S. 26)

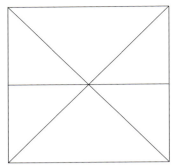

Die Doppelbögen reduzierte man zu relativ schmalen Rippen, die sich alternierend, von den Pfeilern ausgehend, in der Mitte jedes zweiten Jochs treffen. So entstehen mehr oder weniger quadratische Gewölbe über Doppeljochbögen – jedes von ihnen durch diagonale Rippen in sechs Teile aufgegliedert.

Die Kreuzrippen stellten aber nicht nur eine Lösung für die doppelt gewölbten Kreuzgrate dar, wie sie im Gewölbe von Sainte-Marie-Madeleine in Vézelay zu sehen sind, sondern boten auch ein einheitliches Muster für die Rippen der Doppelbögen. Die Rippen konnten zuerst über einer Holzschalung in einer schlichten geschwungenen Linie aus exakt geschnittenen Steinen errichtet werden, wodurch ein fester Mittelpunkt für die danach erfolgende Konstruktion der Gewölbekappen zwischen den Rippen entstand. Die Widerlagerpunkte zwischen den Kappen wurden durch die Rippen verdeckt, was den Maurern wiederum erleichterte, einen makellosen Kreuzgrat zu schaffen. Die Genese der Kreuzrippengewölbe hing wohl stärker mit ästhetischen als strukturellen Fragen zusammen. Tatsächlich gibt es Beispiele gotischer Kirchen, die in den Weltkriegen durch Bomben zerstört wurden und deren Gewölbekappen nicht zusammenbrachen, obwohl die Rippen eingestürzt waren. Eine Verstärkung der Rippen ermöglichte aber dünnere und leichtere Kappen als bei einem normalen Kreuzgewölbe. So gesehen, war die diagonale Kreuzrippe ein Meilenstein in der Entwicklung der gotischen Gewölbe. Sie führte zu einer neuen Gliederung in diagonale, geometrische Einheiten – im Gegensatz zum frontalen, additiven und geschlossenen Charakter romanischer Gewölbe.[22]

Frühe Gotik in Frankreich

Eine wesentliche Entwicklung der Baukunst des 11. und 12. Jahrhunderts, die letztlich zur Gotik führte, stellt die Vereinigung des Spitzbogens mit der Kreuzrippe dar.[23] In der normannischen Kathedrale von Durham (1093–1133) findet man eine frühe Form dieser Synthese. Allerdings gibt es keinen Hinweis darauf, dass die später entstandenen Kirchen in der Île-de-France, die als Beginn der gotischen Architektur gelten, von diesem Bau beeinflusst worden wären. In der Île-de-France bildet sich im Gegensatz zu den charakteristisch »dicken Mauern« der normannischen Bauten eine Tradition dünnwandiger Gebäude mit Kreuzrippengewölben heraus. Eines der frühesten und einflussreichsten Beispiele dieser Art ist der von Abt Suger vorgenommene Anbau eines neuen Chors (1140–44) für die Abteikirche von Saint-Denis nördlich von Paris. Diese Kirche aus dem 8. Jahrhundert genoss als wichtige Grablege der Könige die Schirmherrschaft Ludwigs VI. Suger war dort ab 1122 Abt und enger Vertrauter des Königs sowie dessen Sohns Ludwig VII., der 1137 den Thron bestieg. Zum neu errichteten Chor von Saint-Denis gehörten auch ein Chorumgang und ein Kapellenkranz – überzeugende Modelle für zahlreiche nachfolgende Kirchen.

Von Abt Suger als einzigartigem Kunstmäzen des Mittelalters sind uns Schriften überliefert, die über seine Ansichten und Pläne Auskunft geben. Suger war von der Metaphysik des Lichts begeistert, und die gedankliche Verbindung zwischen dem Licht,

Schema eines sechsteiligen Gewölbes
Abteikirche von Saint-Denis *(siehe S. 30)*

das in die Kirche strömt, und dem Licht Gottes mag auch das neuartige gotische Stützsystem der dünneren Mauern und die ungewöhnlich vielen Fenster, wie wir sie im Bau von Saint-Denis vorfinden, beeinflusst haben.[24] Allerdings ist die genaue Beschaffenheit des Chors von Saint-Denis nicht bekannt, da die oberen Bereiche später vergrößert wurden, man das Triforium verglaste und das Gewölbe um 1231 ersetzte.[25]

Der später entstandene Chor (nach 1165) der romanischen ABTEIKIRCH SAINTE-MARIE-MADELEINE in Vézelay war vermutlich von Saint-Denis beeinflusst und lässt die ursprüngliche Form von Abt Sugers Chor erahnen.[26] Die relativ dünnen Pfeiler mit angefügten Vorlagen ermöglichen hier ein Fenstergeschoss mit großflächiger Verglasung, das sich über den Scheinemporen des Triforiums erhebt. Die rechteckigen Joche werden von Kreuzrippengewölben eingedeckt, die wohl denen des ursprünglichen Chors von Saint-Denis ähneln. Die Neuerungen von Saint-Denis beeinflussten nicht nur den Bau des neuen Chors von Vézelay, sondern auch die folgende Generation französischer Kirchen, die fast alle das Kreuzrippengewölbe übernahmen.

Die KATHEDRALE VON LAON (1160–1230) nördlich von Paris gilt als eines der schönsten Beispiele frühgotischer Architektur in Frankreich. Obwohl die Kirche insgesamt mit ihrem Vierungsturm (um 1170–75) an Saint-Étienne in Caen erinnert, wurde hier ein Extrageschoss in Form eines Triforiums zwischen den Hauptemporen und dem Fenstergeschoss eingezogen. Die Kreuzgewölbe, die wie in Saint-Étienne im Hauptschiff sechsteilig sind, setzen sich in den Seitenschiffen fort. Die Säulen sind ebenfalls komplexer ausgearbeitet. Sie sind Dienstbündel, die von der Basis bis zu einer Rippe oder einem Fensterbogen hinaufführen.[27]

Viel kleinere Fensteröffnungen durchbrechen den Obergaden der romanischen Kirche SAINT-RÉMI (1005–49) in Reims, die ihre Kreuzrippengewölbe in der zweiten Hälfte des 12. Jahrhunderts erhielt – fast gleichzeitig mit der Kathedrale von Laon.[28] Im Gegensatz zu den sechsteiligen Gewölben in Laon sind die Gewölbe hier vierteilig, wobei jedes rechteckige Joch durch zwei sich diagonal kreuzende Rippen in vier Abschnitte unterteilt wird. Das vierteilige Gewölbe erwies sich als vorteilhafter als das sechsteilige, da sein verringerter Winkel bedeutend weniger Druckkraft am Ende jedes Jochs erzeugte und daher während des Bauens weniger Stützen am unfertigen Ende nötig waren. Diese beiden Typen des einfachen Kreuzrippengewölbes traten etwa zeitgleich auf. Mit wenigen Ausnahmen sollte jedoch das vierteilige Gewölbe als französische Standardform in den kommenden zwei Jahrhunderten vorherrschen.

DIE EINFÜHRUNG DER GOTISCHEN ARCHITEKTUR IN DEN NACHBARLÄNDERN
Gotische Architekturformen begannen sich in der zweiten Hälfte des 12. Jahrhunderts vereinzelt auch in den an Frankreich angrenzenden Ländern durchzusetzen. Zu dieser Zeit hatte in England Erzbischof Lanfranc, ehemaliger Prior von Saint-Étienne in Caen, gerade den Bau der KATHEDRALE VON CANTERBURY (1066–1498) im normannisch-romanischen Stil in Auftrag gegeben.[29] Als ein Feuer 1174 den Chor des so gut wie

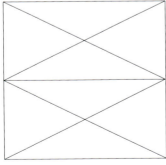

ABTEIKIRCHE SAINTE-MARIE-MADELEINE IN VÉZELAY (siehe S. 31)
KATHEDRALE VON LAON (siehe S. 29)
KIRCHE SAINT-RÉMI IN REIMS (siehe S. 32)
SCHEMA EINES VIERTEILIGEN GEWÖLBES

fertiggestellten Gebäudes zerstörte, wurde kurzerhand der französische Baumeister Wilhelm von Sens nach Canterbury bestellt, um den Chor wiederaufzubauen. Wilhelm bediente sich der modernsten französischen Ideen, als er einen deutlich vergrößerten Chor im neuen Stil zu errichten begann. Doch bei einem Sturz vom Gerüst im Jahr 1178 wurde er schwer verletzt. Er versuchte noch, die Arbeit vom Krankenbett aus zu leiten, musste aber nach Frankreich zurückkehren. Sein Assistent, Wilhelm der Engländer, der vom Chronisten der Kathedrale, Gervasius von Canterbury, »als kleinwüchsig, aber in vielerlei Hinsicht kunstfertig und ehrlich« geschildert wird, übernahm die Bauleitung.30 Er vergrößerte den Kathedralbau nach Osten hin, indem er in einer Art Kreis die Trinitätskapelle und die sogenannte Corona (1175–84), auch Becket's Crown, errichtete, in der sich ein Schrein zum Gedenken an das Martyrium des Erzbischofs und Kanzlers Thomas Becket (1118–70) befindet.31

Auch das Hauptschiff der KATHEDRALE VON WELLS (1180–1490) zählt zu den frühen gotischen Bauten in England. Es wurde 1190 begonnen und erhielt von 1200 bis 1230 sein Gewölbe durch den englischen Baumeister Adam Lock, der bis zu seinem Tod 1229 an der Kathedrale arbeitete. Lock war vermutlich bereits der zweite Baumeister in Wells.32 Der letzte bedeutende Kirchenbau Englands, der nach Plänen eines französischen Meisters entstand, war demnach die Kathedrale von Canterbury, denn ab dem 13. Jahrhundert etablierten sich verstärkt regionale Richtungen in der Architektur.

Die Zisterzienser verbreiteten die gotischen Bauformen auch auf der Iberischen Halbinsel. Die Abteikirche SANTA MARÍA DE SANTES CREUS (um 1174–1314) in Katalonien dient als leuchtendes Beispiel für die Größe und Strenge dieser regionalen Ausprägung der Gotik. Die romanischen Mauern sind noch sehr flächig, lediglich das Kreuzrippengewölbe weist bereits auf den neuen Stil hin.33 Die wohl imposanteste Abteikirche der Zisterzienser in Portugal dürfte SANTA MARIA D'ALCOBAÇA (1178–1252) mit Kreuzrippengewölben im Hauptschiff und den Seitenschiffen sein.34 Dieser Bau ist eine typische Hallenkirche. Während Basiliken ein Hauptschiff mit durchfenstertem Obergadengeschoss haben, welches höher als die Seitenschiffe ist, sind bei Hallenkirchen Haupt- und Seitenschiffe mehr oder weniger gleich hoch, wobei das Licht durch die Fenster der äußeren Mauern der Seitenschiffe in den Raum dringt. Obwohl in Santa Maria d'Alcobaça ein Obergadengeschoss mit Fenstern fehlt, wird der Innenraum allein durch die Fenster der Seitenschiffe von Licht durchflutet.

Auch die ALTE KATHEDRALE von Salamanca (1150–80) in Spanien zeigt ein beeindruckendes Kreuzrippengewölbe. Das Innere der Basilika aber wird lediglich durch niedrige Fenster im Obergaden mit Licht gespeist, und die schweren Bauelemente zeigen noch deutlich ihre romanische Herkunft.35 Obschon die spanischen und portugiesischen Kirchen fast zur gleichen Zeit wie Notre-Dame in Paris und die Kathedralen von Laon und Canterbury entstanden sind, wirken sie dennoch wesentlich archaischer. Um die nachfolgende Entwicklung der gotischen Gewölbeformen im 13. Jahrhundert nachvollziehen zu können, müssen wir daher nach Frankreich und England blicken.

KATHEDRALE VON CANTERBURY (siehe S. 35)
KATHEDRALE VON WELLS (siehe S. 33)
ABTEIKIRCHE SANTA MARÍA DE SANTES CREUS (siehe S. 36)
ABTEIKIRCHE SANTA MARIA D'ALCOBAÇA (siehe S. 39)
ALTE KATHEDRALE VON SALAMANCA (siehe S. 37)

Entwicklung und Ausbreitung der Gotik (1160–1350)

Im 13. Jahrhundert wird die gotische Architektur zum vorherrschenden Stil der neuen Kirchenbauten Europas und entwickelt sich technisch wie ästhetisch Schritt für Schritt weiter. In der Phase der Hochgotik wetteiferte man in Frankreich, wie weit sich die dünneren Mauern der Schiffe nach oben ziehen lassen, während man den Obergaden und die Flächen der Fenster mehr und mehr vergrößerte. Die zunehmende Begeisterung für eine lineare Gliederung der Wand verstärkte die vertikale Ausrichtung der Bauten, wobei sich die Wände durch Pfeiler, Säulen, Fenster und Maßwerk zu einer filigranen und durchscheinenden Membran auflösen, die an die Flügel einer Libelle denken lässt.

Hochgotik

Die meisten frühen gotischen Kirchenbauten waren nicht höher als die größten ihrer romanischen Vorläufer. Die KATHEDRALE NOTRE-DAME (1163–1250) in Paris, fast zur gleichen Zeit wie die Kathedrale von Laon begonnen, bildet dabei jedoch eine Ausnahme. Die Gewölbe von Notre-Dame reichen im Zentrum 33 Meter in die Höhe und überragen damit die romanischen Bauten von Cluny und Speyer.[36] Dieses Streben nach Monumentalität war eine treibende Kraft der gotischen Architektur jener Zeit. Notre-Dame behielt die Emporen und sechsteiligen Gewölbe von Saint-Étienne in Caen mit seinen eher kleinen bunten Glasfenstern im Obergadengeschoss bei. Doch sitzen die Fenster hier weit oben, sodass nur spärlich Licht in den Raum dringt.

Die KATHEDRALE VON CHARTRES (1194–1260) gilt als einer der richtungweisenden Kirchenbauten des 13. Jahrhunderts in Frankreich.[37] Obgleich man Strebebögen bereits früher eingesetzt hatte, war der Meister von Chartres, der den Bau nach einem Feuer von 1194 wieder errichtete, der Erste, der das Potenzial der Streben als Verstärkung der Mauern erkannte und somit als Möglichkeit, die Fensterflächen zu vergrößern. Die Vorliebe mittelalterlicher Baumeister für farbig verglaste Fenster zog automatisch eine Dämpfung des Lichts im Innenraum nach sich, die durch eine Vergrößerung der Fensterflächen ein wenig aufgehoben wurde. Die meist noch ursprünglichen Glasfenster des Obergaden leuchten satt und bunt, wobei die Ochsenaugen oberhalb der Konstruktion die Wirkung noch intensivieren. Das Hauptschiff ist mit einem vierteiligen Gewölbe überzogen, das sich im folgenden Jahrhundert in Frankreich zu einer Norm entwickeln sollte. Obschon diese Gewölbeform am Ende jedes Jochs weniger Druck ausübt, ging der Architekt kein Risiko ein, sondern stattete tragende Wände und Streben mit mehr Masse aus, als nötig gewesen wäre. Statische Berechnungen waren noch unbekannt: Man musste sich auf überliefertes Wissen und Erfahrung verlassen.[38]

Die KATHEDRALE VON BOURGES (1195–1255) wurde fast gleichzeitig mit der Kathedrale von Chartres begonnen; das Hauptschiff entstand zwischen 1225 und 1255.[39] Sowohl die sechsteiligen Gewölbe als auch die doppelten Seitenschiffe sind dem Bau von Notre-Dame in Paris nachempfunden, allerdings stattete man sie ohne Querschiff, aber mit größeren Fensterflächen und einem besser beleuchteten Innenraum aus.

KATHEDRALE NOTRE-DAME IN PARIS (siehe S. 40)
KATHEDRALE VON CHARTRES (siehe S. 41)

In der Kathedrale von Bourges liegt die Höhe der inneren Seitenschiffe zwischen der des Hauptschiffs und der Höhe der äußeren Schiffe. Zudem besitzen sie eigene Fenstergeschosse, um mehr Licht hereinzulassen. Der Baumeister entwarf überdies eine leichtere Stützkonstruktion als in Notre-Dame oder Chartres, indem er dünnere, etwas steiler angesetzte Streben verwendete, die den Außendruck des hohen Gewölbes effizienter in den Boden führen.[40] Für die nachfolgenden Bauten von Soissons, Reims und Amiens erwies sich jedoch die Bauweise der Kathedrale von Chartres mit ihren einfachen Seitenschiffen, vierteiligen Gewölben und hohen Fenstern als einflussreicher.

So wie man den Bau von Bourges als Korrektur der Kathedrale Notre-Dame in Paris verstehen kann, werden die KATHEDRALEN VON SOISSONS (1197–1479), REIMS (1211–1427) und AMIENS (1220–70) als Korrekturen von Chartres gesehen. Mit dem Bau der Kathedrale in Soissons wurde kurz nach dem in Chartres begonnen. Obwohl der Innenraum in Soissons niedriger ist als in Chartres – 30 Meter im Vergleich zu 37 Metern –, legt der frappierend ähnliche Bauplan den Schluss nahe, dass der Architekt von Chartres in Soissons tätig war.[41] In Soissons sind Pfeiler und Gewölbestützen weitaus leichter als in Chartres gestaltet. Sie verweisen auf die Bauten in Reims und Amiens.

Die Kathedrale von Reims wurde begonnen, als die von Chartres schon beinahe vollendet war. Man weiß nicht, wer die Baumeister waren, was typisch für die frühe Gotik ist. Inschriften auf einem Labyrinth auf dem Boden des Hauptschiffs von Reims lassen vermuten, dass in jedem Fall mindestens vier Architekten zwischen 1211 und 1310 beteiligt waren: Jean d'Obais, Jean (de) Loup, Gaucher de Reims und Bernard de Soissons. Das Labyrinth von Reims wurde jedoch 1779 zerstört, lediglich Zeichnungen davon haben sich erhalten. Neben den genannten Männern partizipierten möglicherweise ein gewisser Robert de Coucy und ein noch rätselhafterer Adam (de Reims). Wer auch immer für den Entwurf von Reims verantwortlich gewesen war, veränderte jedenfalls die Vorlage von Chartres, indem er die Fenstergeschosse mit schmaleren Maßwerken versah und das Ochsenauge sowie die Doppelfenster eines jeden Jochs noch einmal unterteilte, wodurch die Fensterflächen sich vergrößerten.[42]

Die Kathedrale von Amiens wird oft als Höhepunkt der französischen Hochgotik betrachtet, die im Bau von Chartres ihren Ausgang nahm. Man vermutet aufgrund der Inschrift im Labyrinth des Hauptschiffs Robert de Luzarches, Thomas de Cormont und Regnault de Cormont als aufeinanderfolgende Baumeister in Amiens. Von Robert de Luzarches stammt wohl der erste Entwurf, der die Größe sowie die ästhetischen Elemente vorgab.[43] Im Gegensatz zu den meisten Kirchen, die von Osten nach Westen errichtet wurden, begann man hier mit dem Hauptschiff und bewegte sich nach Osten zur Vierung und zum Chor vor (1269). Mit 43 Metern waren die Gewölbe bis dahin die höchsten ihrer Art. Die Obergadenfenster zeigen eine weitere Verfeinerung des Maßwerks von Reims. Verkleinerte Versionen der Fenster wurden zusätzlich in jedes der beiden Fensterteile eingesetzt. Die so entstandene Gliederung in sieben Komponenten zeigt bereits die Konzentration auf lineare Details in den französischen Bauten.[44]

KATHEDRALE VON BOURGES *(siehe S. 42)*
KATHEDRALE VON SOISSONS *(siehe S. 46)*
KATHEDRALE VON REIMS *(siehe S. 43)*
KATHEDRALE VON AMIENS *(siehe S. 50)*

Der Rayonnant-Stil

Die Chöre der KATHEDRALE VON BEAUVAIS (1225–1337) und des KÖLNER DOMS (1248–1880) überragen in der Höhe ihrer Gewölbe wie der Höhe ihrer Fenster die Kathedrale von Amiens. Beauvais und Köln zeigen den neuen Rayonnant-Stil, der ab Mitte des 13. bis Mitte des 14. Jahrhunderts in Frankreich vorherrschte und sich durch eine Betonung der bunten Glas- und Rosettenfenster (das französische Wort »rayonnant« bedeutet auf Deutsch »strahlend«) auszeichnet. In Beauvais und Köln gibt es ein verglastes Triforium, das die Vertikale der Fenster verlängert sowie die innere Linienführung öffnet und zugleich vereinheitlicht. Verglaste Triforien waren bereits bei einigen unbedeutenderen französischen Kirchen zum Einsatz gekommen, unter anderem bei der Renovierung der Kathedrale von Saint-Denis (um 1216) und in der KATHEDRALE VON TROYES (1208–40), wo man das verglaste Triforium in den späten 1230er-Jahren hinzufügte. Die schwindelerregende Höhe des Innenraums von 48 Metern wird manchmal als Grund für den Einsturz der Kirche im Jahr 1284 vermutet.[45] Statt des Gewichts, das auf die Stützen drückte, ist es jedoch wahrscheinlicher, dass die hohen Windlasten und der damit verbundene Zugspannungsbruch die Katastrophe auslösten.[46] Es blieb nicht das einzige Desaster dieser Kirche, die man zwischen 1284 und 1337 mit sechsteiligen Gewölben wieder aufbaute. Ein Querschiff und der gewaltige Vierungsturm wurden im 16. Jahrhundert fertiggestellt, brachen aber 1573 zusammen. Bis heute blieb die Kathedrale unvollendet.[47]

Beim Kölner Dom bildet der 46 Meter hohe Chor den einzigen Teil der Kirche, der im Mittelalter fertiggestellt wurde. Trotz seiner Lage in Deutschland gilt der erst im 19. Jahrhundert vollendete Bau als exemplarisch für den Rayonnant-Stil. Das verglaste Triforium führt zu einem großen Fenstergeschoss mit aufwendigem Maßwerk, für das vermutlich Amiens und die SAINTE-CHAPELLE (1242–48) in Paris Pate standen.[48] Die Palastkapelle Sainte-Chapelle, errichtet als Stätte der Reliquienaufbewahrung für Ludwig IX., ist vielleicht das charakteristischste Beispiel für den Rayonnant-Stil. Die kostbaren bunten Glasfenster und das üppige Maßwerk der beinahe vom Boden bis zur Decke reichenden Fenster in der oberen Kapelle vermitteln das Gefühl, in einem leuchtenden Glaskäfig zu stehen.[49] Auch in der STIFTSKIRCHE SAINT-URBAIN (1262–86) in Troyes kann man die Begeisterung für das exquisite Rayonnant-Maßwerk jener Zeit in der gesamten, überaus filigranen Struktur des Gebäudes entdecken.[50]

Der frühe englische Stil. Tierceron- und Palmengewölbe

Während man in Frankreich die gesamte Phase der Hochgotik über das vierteilige Gewölbe beibehielt, erkundeten die Baumeister in England weitere lineare Muster für die Gestaltung von Gewölben. Sie entwickelten immer komplexere Formen der Kreuzrippen, die wichtigen Einfluss auf die spätgotische Architektur nehmen sollten. Noch nicht zu erkennen ist dies in den traditionellen vierteiligen Gewölben der KATHEDRALE VON SALISBURY (1220–58).[51] Die Marienkapelle in Salisbury wurde

KATHEDRALE VON BEAUVAIS (siehe S. 54)
KÖLNER DOM (siehe S. 55)
SAINTE-CHAPELLE IN PARIS (siehe S. 57)
STIFTSKIRCHE SAINT-URBAIN IN TROYES (siehe S. 59)

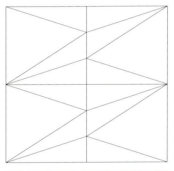

zuerst gebaut, gefolgt vom östlichen Teil sowie den Querschiffen und schließlich dem Hauptschiff und den großen Seitenschiffen. Vermutlich basierte das Gebäude auf einem Entwurf von Nicholas von Ely, der wohl von 1220 bis 1258 als Baumeister fungierte.[52] Salisbury ist die einzige Kathedrale der Gotik, die auf einem unbebauten Gelände errichtet wurde, weshalb man sich in diesem Fall nicht wie so oft an bereits vorhandenen Fundamenten orientieren musste.[53] Die Gliederung der Wände in der Kathedrale von Salisbury, den KATHEDRALEN VON WORCESTER (1084–1396) (siehe S. 62 f.) und LINCOLN (1185–1311) sowie weiterer englischer Kirchenbauten des 13. Jahrhunderts steht noch unter dem Einfluss der Emporengestaltung der späten anglonormannischen Romanik. Die Fenstergeschosse liegen in diesen Gebäuden wesentlich niedriger als bei den französischen Bauten jener Zeit, während die Verglasung weit weniger markant ist. Das lässt den Schluss zu, dass in der englischen Architektur nicht der Vertikalen, sondern der Horizontalen die größere Bedeutung beigemessen wurde. Selbst die typische englische Scheitelrippe betont die Horizontale. Scheitelrippen, die längs oder diagonal entlang des Gewölbefirsts verlaufen, tauchten in Frankreich bereits in der Mitte des 12. Jahrhunderts auf. Doch setzte man sich zuerst in England in besonderem Maße mit der dekorativen Wirkung der Scheitelrippen auseinander.

Statt sich auf die Höhe ihrer Kirchenbauten zu konzentrieren und diese immer weiter in den Himmel ragen zu lassen, experimentierten die englischen Baumeister des 13. Jahrhunderts mit dekorativen Gewölbeformen. Das führte letztlich zu einer neuen Form: dem Tierceron. Diese Innovation nahm mit den außergewöhnlichen »verrückten Gewölben« des St.-Hugo-Chors (1192–1200) in der Kathedrale von Lincoln ihren Anfang, die vermutlich von Geoffrey de Noiers entworfen wurden.[54] Der zentrale Scheitel des Chorgewölbes wird hier demonstrativ durch eine Scheitelrippe definiert. Statt der üblichen vier diagonalen Rippen treffen sechs Rippen auf höchst exzentrische Weise auf die mittlere Scheitelrippe, wodurch jedes Joch in alternierendem Muster in sechs Teile untergliedert wird. So entsteht eine faszinierende Asymmetrie, welche die gleichmäßige Unterteilung in einzelne Joche aufzulösen scheint. Der Begriff »Tierceron« bezieht sich dabei auf die dritte, dekorative Extrarippe.

Im später entstandenen Hauptschiff der Kathedrale von Lincoln (1225–53) findet sich diese Asymmetrie nicht mehr. Hier spreizen sich die Rippen auf, um auf die äußeren Rippen und die kurzen diagonalen Scheitelrippen zu treffen. Dadurch entstehen die ersten Sterngewölbe.[55] Meister Alexander, der auch am Bau der Kathedrale von Worcester beteiligt war, leitete wahrscheinlich von 1235 bis 1256 die Arbeiten in Lincoln. Damals wurden das Hauptschiff und das Kapitelhaus sowie die unteren Teile des quadratischen Vierungsturm errichtet, die nach ihrem Zusammensturz 1237 erneuert wurden. Für das neue Gewölbe des Vierungsturms (1306–11) (siehe S. 67) entwarf Richard de Stow ein komplexeres Tierceron-Gewölbe mit einem achtzackigen Stern. Stow unterstand bis 1291 dem Baumeister Simon von Thirsk, der ähnliche Tierceron-Sterne in den Gewölben des Engelschors (1275–90) in Lincoln schuf.[56]

KATHEDRALE VON SALISBURY (siehe S. 61)

KATHEDRALE VON LINCOLN, »VERRÜCKTE GEWÖLBE« (siehe S. 65)

SCHEMA DES CHORGEWÖLBES (ST.-HUGO-CHOR)

KATHEDRALE VON LINCOLN, HAUPTSCHIFF (siehe S. 66)

KATHEDRALE VON LINCOLN, ENGELSCHOR (siehe S. 68)

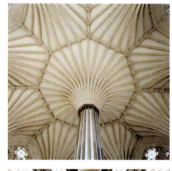

Im Gewölbe des Hauptschiffs der Kathedrale St. Peter in Exeter (1353–69) entspringen gleich elf Rippen aus einer Quelle. Die Kämpfersteine treffen sich zum Teil an den diagonalen und zum Teil an den längs verlaufenden Scheitelrippen, die wiederum in die Fensterbögen übergehen. Das Gewölbe entwarf wahrscheinlich Richard Farleigh, der am großen Turm und der Turmspitze in Salisbury beteiligt war. Auch Thomas Witney, der die unteren Bereiche des Hauptschiffs zwischen 1328 und 1342 baute, mag hier mitgewirkt haben.[57] Die Rippen begrenzen jetzt nicht mehr nur die einzelnen Gewölbeabschnitte, sondern schmücken die gesamte Oberfläche der Decke.

In der Kathedrale von Lincoln stellt das Gewölbe des Kapitelhauses (1220–35) von Meister Alexander ein weiteres Beispiel der Sterngewölbe dar.[58] Meister Alexander griff auf die englische Tradition des zentral positionierten Kapitelhauses zurück, als er zwanzig Gewölberippen entwarf, die sich vom zentralen Stützpfeiler aus verbreiten. Sie durchkreuzen immer wieder die Scheitelrippen, die insgesamt ein zehnseitiges Vieleck bilden und um das ganze zehnseitige Kapitelhaus führen. Auf diese Weise entsteht ein Stern mit zehn Zacken. Im späteren Kapitelhaus der Kathedrale von Wells (1298–1305) ist das Arrangement ähnlich, wenngleich hier auch 32 ausstrahlende Rippen eine achteckige Scheitelrippe durchkreuzen und sich in den acht Außenpfeilern des achteckigen Gebäudes treffen, um einen achtzackigen Stern zu bilden.[59]

Diese neuartigen Gewölbeformen erwiesen sich in- und außerhalb Englands in den folgenden zwei Jahrhunderten als äußerst stilprägend. Selbst in Frankreich, wo die traditionellen vierteiligen Gewölbe die Norm blieben, finden sich diese komplexeren Konstruktionen. So wurde etwa der Chor (1275–92) der Abteikirche Les Jacobins (1229–1350) in Toulouse mithilfe der bereits vorhandenen fünf Stützpfeiler überwölbt. Der Pfeiler am Apsisende stützt das komplizierte Palmengewölbe, das seinen Ursprung in den Entwürfen der Gewölbe englischer Kapitelhäuser hat. Das Hauptschiff (1323–35) erhielt ein konventionelleres, jedoch dazu passendes Gewölbe.[60]

Auch in der nahen Stadt Albi entstand zu dieser Zeit ein Bau, der für Frankreich ähnlich ungewöhnlich ist: Die Kathedrale Sainte-Cécile (1282–1480). Äußerlich an eine Trutzburg erinnernd, besteht das äußerst breite Hauptschiff im Inneren aus einem einzigen Raum. Statt niedriger Seitenschiffe mit Obergaden weisen die schmalen offenen Seitenkapellen Fenster auf.[61] Für französische Bauten einzigartig ist, dass alle Oberflächen – einschließlich der breiten vierteiligen Gewölbe – üppig verziert sind.

Die Verbreitung der Gotik von Frankreich aus (1220–1350)

Im 13. und 14. Jahrhundert setzt sich der gotische Stil allmählich auch in Frankreichs Nachbarländern durch. Italien wandte sich aber den neuartigen Architekturformen nur zögerlich zu, was an der starken romanischen Tradition und der Beliebtheit der Freskomalerei als Wanddekoration liegen mag. Die Basilika San Francesco in Assisi (1228–53) wurde auf zwei Ebenen errichtet, um das Grab des Heiligen in sich aufzunehmen.[62] Der gotische Einfluss zeigt sich hier in den spitzen diagonalen Rippen

St. Peter in Exeter *(siehe S. 69)*

Kathedrale von Lincoln, Kapitelhaus *(siehe S. 70)*

Kathedrale von Wells, Kapitelhaus *(siehe S. 71)*

Les Jacobins in Toulouse *(siehe S. 73)*

Kathedrale Sainte-Cécile in Albi *(siehe S. 75)*

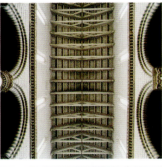
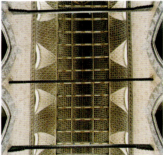

und den quadratischen vierteiligen Gewölben. Ansonsten folgt der Bau architektonisch der romanischen Tradition und fungiert als Bildträger für die atemberaubenden Fresken Giottos und anderer Künstler im modernen Stil, die den Innenraum schmücken.

Das Hauptschiff des DOMS VON SIENA (um 1226–1370) weist wenige gotische Einflüsse auf. Obwohl die Wände erhöht und Kreuzrippengewölbe hinzugefügt wurden (um 1340–48), haben die Gewölbe traditionelle halbrunde Bögen, und das Innere des Doms wirkt trotz der gewaltigen sechseckigen Vierungskuppel aufgrund der kleinen Obergadenfenster extrem dunkel.[63] Der DOM VON ORVIETO (1280–1368) zeigt sich sogar in einem noch konservativeren Übergangsstil zwischen Romanik und Gotik. Die alternierenden Streifen aus hellem und dunklem Stein, typisch für viele Kirchen der Emilia-Romagna und Toskana, betonen die Horizontale des Hauptschiffs. Die Wände sind plan, wie in der Romanik üblich, und lediglich kleine Fenster im Obergaden lassen Licht in den Raum, der von einem flachen hölzernen Dachstuhl bedeckt wird.

Holzdecken waren in Italien auch dann noch verbreitet, als Steingewölbe in anderen Teilen Europas schon fast zum Standard geworden waren. In SANTO STEFANO (1325–74) in Venedig wurden die planen, ungegliederten Wände der Kirche mit einer aufwendigen, sogenannten Schiffskieldecke aus Holz überdacht.[64] Die Gotik gewann in Venedig allerdings durch den Bau der dominikanischen ABTEIKIRCHE SANTI GIOVANNI E PAOLO (1333–1430) durchaus gewisse Bedeutung.[65] Hier errichtete man vierteilige Kreuzrippengewölbe über den beinahe quadratischen Jochen, die durch Spitzbögen voneinander und von den hohen Seitenschiffen abgetrennt werden. Die Wandgestaltung blieb schlicht, und die Vierungskuppel sowie die kleinen Obergadenfenster stehen noch ganz im Zeichen der Romanik. Insgesamt zeigte die Gotik in Italien, wo die Renaissance mit ihrem Rückgriff auf die Antike bereits mit dem 15. Jahrhundert spürbar wurde, weit weniger Einfluss als in anderen Ländern Europas.

Spanien hingegen erlebte im 14. Jahrhundert die zunehmende Verbreitung der gotischen Architektur. Die eindrucksvolle Pfarrkirche SANTA MARÍA DEL MAR (1329–83) in Barcelona – erbaut von Berenguer de Montagut, Ramon Despuig und Guillem Metge – hat ein breites Hauptschiff, das in vier quadratische Joche mit Kreuzrippengewölben unterteilt ist. Schlichte achteckige Pfeiler durchgliedern die weiten Säulengänge.[66] Die Seitenschiffe sind beinahe so hoch wie das Hauptschiff samt Chor, sodass dem niedrigen Obergaden nur kleine Fenster eingefügt werden konnten, wie das für die Kirchen des Mittelmeerraums typisch ist. Besonders fallen die hohen Fenster der Seitenschiffe ins Auge, die durch die offenen Säulengänge deutlich sichtbar sind und im Chorumgang wegen ihrer ungewöhnlichen Höhe höchst eindrucksvoll wirken. Derartige Lichtinszenierungen sind für die gotischen Kirchen Spaniens, die meist wegen ihrer kleinen Obergadenfenster nur schwach ausgeleuchtet sind, eher ungewöhnlich.

Die Kirchenbauten des 14. Jahrhunderts in den Niederlanden, vor allem in Brabant, stehen erkennbar in der Tradition französischer Vorbilder im Rayonnant-Stil. In Mechelen im heutigen Belgien errichtete wahrscheinlich Baumeister Jean d'Oisy die

BASILIKA SAN FRANCESCO IN ASISSI *(siehe S. 76)*

DOM VON SIENA *(siehe S. 77)*

DOM VON ORVIETO *(siehe S. 78)*

KIRCHE SANTO STEFANO IN VENEDIG *(siehe S. 79)*

ABTEIKIRCHE SANTI GIOVANNI E PAOLO IN VENEDIG *(siehe S. 81)*

Stiftskirche Saint-Rombaut (1342) in der sogenannten Brabanter Gotik, die sich durch ein detailreiches Gitterwerk im Triforium und ein vergrößertes Fenstergeschoss mit einer Wandgestaltung im Rayonnant-Stil hervorhebt. Das vierteilige Gewölbe ist dabei ganz typisch für den französischen Stil.[67]

Die Kathedrale Sant-Bavo (um 1200–1400) im belgischen Gent weist ebenfalls Wände im Rayonnant-Stil auf, obschon das Triforium hier kleiner ausfällt. Das Gewölbe aber, das vermutlich im 15. Jahrhundert modernisiert wurde, zeigt einen englischen Einfluss.[68] Die diagonalen Rippen durchkreuzen im Stil eines sechsteiligen Gewölbes zwei Joche, statt zum direkt benachbarten Stützpfeiler zu laufen. Dieses Netzgewölbe teilt jedes Joch in eine rautenförmige Zelle und sechs dreikantige Zellen.

Die eindrucksvolle Liebfrauenkathedrale (1352–1531) in Antwerpen wurde ebenfalls in der Brabanter Gotik errichtet.[69] Die Wände mit dem filigranen Maßwerk des vergrößerten Triforiums und des Fenstergeschosses sind charakteristisch für den Rayonnant-Stil. Konservativ wirken dagegen die außerordentlich langen, beinahe quadratischen Joche mit vierteiligen Gewölben. Die Vierung mit einen aufwendig gestalteten achteckigen Turm trägt ein Deckengemälde späteren Datums.

Die ausgereifte englische Gotik (1300–1485). Tierceron-Gewölbe

Im 14. und 15. Jahrhundert gestaltete man in England die Kreuzrippengewölbe weiter aus und entwickelte innerhalb der ausgereiften englischen Stilrichtungen vor allem den Decorated- (um 1300–50) und den Perpendicular-Stil (um 1330–1485). Der Einfluss des Rayonnant-Stils wird in den immer aufwendiger gestalteten Fenstermaßwerken sichtbar, für die man im Decorated-Stil meist s-förmige Bögen oder sogenannte Kielbögen verwendete, deren Seiten unten konvex und nach oben hin konkav geschwungen sind, um oben in einer Spitze zu enden. Dieser Richtung folgte dann der Perpendicular-Stil, als das Maßwerk begann, wieder schlichter zu werden, und man die Vertikale betonte. Mit diesen beiden Stilrichtungen breitete sich das Ornament des Maßwerks auch auf die Gewölbe aus. Das Tierceron-Sterngewölbe, das zum ersten Mal in der Kathedrale von Lincoln auftaucht, wurde jetzt anderswo mit zusätzlichen, lediglich dekorativen Nebenrippen versehen, die zwischen den sich ausbreitenden Rippen verlaufen und weder mit dem Schlussstein noch der Scheitelrippe verbunden sind. In der Marienkapelle (1320–40) der Kathedrale von Wells – wohl von Baumeister Thomas Witney errichtet – bedeckt ein einzigartiges achtzackiges Sterngewölbe die lang gezogene, oktogonal geformte Decke. Der Mittelpunkt des Gewölbes wird betont durch zwei konzentrische Sterne, die aus kurzen Tierceron-Rippen bestehen.[70] Diese Rippen sind reine Zierde und betonen optisch die Mitte der Gesamtstruktur.

Quadratische Vierungstürme und zentral angelegte, vieleckige Kapitelhäuser boten sich für konzentrische Tierceron-Gewölbe an. In York versah man das Kapitelhaus (um 1286–96) der Kathedrale St. Peter (York Minster) mit einem Holzgewölbe, dessen leichtes Gewicht keinen zentralen Stützpfeiler mehr wie in den Kapitelhäusern

Kirche Santa María del Mar in Barcelona *(siehe S. 82)*
Stiftskirche Saint-Rombaut in Mechelen *(siehe S. 84)*
Kathedrale Sant-Bavo in Gent *(siehe S. 85)*
Liebfrauenkathedrale in Antwerpen, Vierung *(siehe S. 87)*

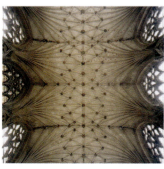

von Lincoln und Wells nötig machte.⁷¹ Das achteckige Gewölbe ahmt die Form der englischen Steingewölbe mit Scheitelrippen, Tierceron-Rippen und dem konzentrischen Kreis aus Nebenrippen, die das Zentrum bilden, nach. Die großen Fenster mit ihrem komplexen geometrischen Maßwerk zeigen noch deutlich den Einfluss des Rayonnant-Stils und speisen den durch fehlende Mittelpfeiler entstandenen offenen Innenraum mit viel Licht. Der Vierungsturm der KATHEDRALE VON PETERBOROUGH (1325, wiedererrichtet 1883–86) weist ein kompliziertes achtzackiges Sterngewölbe auf, das sich formal am Gewölbe des Vierungsturms in Lincoln orientiert, aber weit mehr Tierceron-Rippen und konzentrische Nebenrippenstrukturen enthält.⁷²

Nachdem der romanische quadratische Vierungsturm der KATHEDRALE VON ELY (1083–1375) im Jahr 1322 zusammengestürzt war, ersetzte man ihn durch einen außergewöhnlichen achteckigen Vierungsturm (1322–46): das Oktogon von Ely. In den Aufzeichnungen der Abtei wird der Mönch Alan von Walsingham, der mit der Wartung des Gebäudes betraut war, als verantwortlich für den Entwurf genannt. Zweifelsohne war es der königliche Zimmermann Meister William Hurley, der das sagenhafte achtzackige Gewölbe aus Holz (1326–34) schuf.⁷³ Von Hurley stammen auch das Chorgestühl in Ely sowie wichtige Werke in Schloss Windsor und in der St.-Stephen's-Kapelle im Palast von Westminster.⁷⁴ Überdacht von einem prunkvoll gestalteten achteckigen Turm, wird der gewaltige Durchmesser der Holzkonstruktion durch ein komplexes System verborgener Holzträger gestützt. Wie im Kapitelhaus von York Minster wäre das Oktogon von Ely niemals als Steinkonstruktion zu realisieren gewesen, obgleich die dekorativen Tierceron-Sterngewölbe die Illusion vermitteln, es mit einem Steingewölbe zu tun zu haben, was das Ansehen des Baus noch erhöht haben mag. Die Verbreitung derartiger Holzimitate spiegelt die Ausgereiftheit des englischen Zimmermannshandwerks zu dieser Zeit wider und verweist auf eine Bereitschaft der Zimmerer und Steinmetzen, ihre Formensprache untereinander auszutauschen.

Die MARIENKAPELLE (1321–49) der Kathedrale von Ely entstand fast zur gleichen Zeit wie das Oktogon und wurde möglicherweise von John Wysbeck erbaut.⁷⁵ Der Innenraum scheint ein Glaskäfig zu sein, der mit seinem kostbaren Maßwerk der Fenster, die vom Boden bis zur Decke reichen, an die Sainte-Chapelle in Paris erinnert. Ein ähnlich ausgeklügeltes Muster aus Nebenrippen vereint sich mit den Tierceron-Rippen und bildet in Zentrum des flachen Gewölbes ein komplexes Netz.

Diese Form des Gewölbes wurde in den Chören der KATHEDRALEN VON WELLS (um 1329–45) und GLOUCESTER (1337–67) weiterentwickelt. Nun führt das Gewölbe die lineare Linienführung des raffinierten Maßwerks der Wände fort. Der Entwurf für das exzentrische Gewölbe über dem Chor von Wells stammte von Meister William Joy, der 1329 die Bauleitung übernommen hatte. Joy arbeitete wohl auch in Exeter, wo er Thomas Witney nachfolgte, und an der Kathedrale von Bristol.⁷⁶ In Wells handelt es sich im Grunde um ein Tonnengewölbe mit diagonalen Rippen, die sich kaum an der Jochunterteilung orientieren.⁷⁷ Die Scheitelrippe, die Tierceron-Rippen sowie

KATHEDRALE VON WELLS, MARIENKAPELLE *(siehe S. 89)*

KATHEDRALE ST. PETER IN YORK (YORK MINSTER), KAPITELHAUS *(siehe S. 91)*

KATHEDRALE VON PETERBOROUGH *(siehe S. 90)*

KATHEDRALE VON ELY, OKTOGON *(siehe S. 93)*

KATHEDRALE VON ELY, MARIENKAPELLE *(siehe S. 92)*

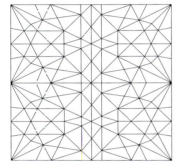

Teile der Diagonalen wurden bei dieser Konstruktion ganz weggelassen. Stattdessen breitet ein komplexes System aus Neberippen ein dichtes Muster aus Sechsecken und Quadraten auf dem Gewölbe aus, das noch stärker an ein Netz erinnert als die Deckengestaltung in der Marienkapelle von Ely.

Als eine weitere Steigerung dieser Gewölbeform kann das Zusammenspiel von Diagonalen, Tierceron-Rippen, Nebenrippen und drei parallelen Scheitelrippen im Chor der Kathedrale von Gloucester gesehen werden. Hier entstand ein wunderbar filigranes Netzgewölbe. Die markant herausgearbeiteten Vertikalen der Pfeiler, des Triforiums und des Fenstermaßwerks schrauben sich in die Höhe, um sich im Gewölbe in einem dichten schwungvollen Ornament aus gebogenen Rippen aufzulösen, welches das gesamte Tonnengewölbe überzieht. Der Chor von Gloucester wurde vermutlich nach Entwürfen des königlichen Baumeisters William Ramsey III. eingedeckt.[78] Er stammte aus einer großen Steinmetzenfamilie, die in London und Norwich lebte, und wird mit bedeutenden Werken in der Alten Kathedrale von St. Paul's in London, der Kathedrale von Lichfield und der St.-Stephens-Kapelle in Westminster in Verbindung gebracht. Er gehört zu denjenigen, die den Perpendicular-Stil mitentwickelten, der ab der Mitte des 14. Jahrhunderts in England so einflussreich werden sollte.[79]

Die französischen Ursprünge dieser ausgereiften englischen Baukunst lassen sich im Hauptschiff von ST. PETER IN YORK (YORK MINSTER) (1292–1345) deutlich erkennen, dessen Triforium und Fenstergeschoss fast eine exakte Kopie des Rayonnant-Stils zu sein scheinen.[80] Die Joche sind klar definiert, und das Maßwerk des Triforiums sowie des Fenstergeschosses bilden darin eingebettete Einheiten. Statt jedoch die üblichen vierteiligen Gewölbe zu errichten, wie es ursprünglich der Plan war und wodurch man die eindeutigen Jochunterteilungen beibehalten hätte, überdachte der Zimmermeister Philip Lincoln das Hauptschiff (1354–70) mit einer Holzkopie eines englischen Liernengewölbes, wobei er sich dabei möglicherweise am Kapitelhaus von St. Peter in York orientierte.[81] Das Netz aus Diagonalen und Scheitelrippen löst auf elegante Weise die vertikale Linienführung auf der flachen Decke auf und mildert die Unterteilung der Joche ab. Meister William Colchester (der auch an der Abteikirche von Westminster beteiligt war) errichtete den quadratischen Turm (1407–23), der sich über den gewaltigen Pfeilern der Vierung erhebt. Das Gewölbe (1470–74) stammt von William Hyndeley aus Norwich, der bis 1505 in York Minster Baumeister war.[82]

Sowohl die Gestaltung der KATHEDRALE VON CANTERBURY (1393–1405) als auch das Hauptschiff (1394–1459) der KATHEDRALE VON WINCHESTER zeigen die Umformung früherer romanischer Konstruktionen und sind für den Wandel hin zum Perpendicular-Stil typisch. Das Hauptschiff von Canterbury geht wahrscheinlich auf einen Entwurf des berühmten Baumeisters Henry Yeveley zurück, der zu den bedeutendsten Architekten Englands im 14. Jahrhundert gehört und unter anderem das Hauptschiff der Abtei von Westminster errichtete.[83] Die Rippen wurden in der Kathedrale von Canterbury weitaus spärlicher eingesetzt als im Chor von Gloucester.

KATHEDRALE VON WELLS (siehe S. 94)
KATHEDRALE VON GLOUCESTER (siehe S. 95)
SCHEMA DER KATHEDRALE VON GLOUCESTER, CHORGEWÖLBE
KATHEDRALE ST. PETER IN YORK (YORK MINSTER), VIERUNG (siehe S. 97)
KATHEDRALE ST. PETER IN YORK (YORK MINSTER), HAUPTSCHIFF (siehe S. 96)

Die achtzackigen Strukturen der Liernengewölbe werden hier verwendet, um die quer verlaufende Scheitelrippe sowie die diagonalen Joche zu verstärken. Das Gewölbe der Kathedrale von Canterbury entstand 1400 – im Jahr von Henry Yeveleys Tod.

Von William Wynford stammt das Gewölbe des Hauptschiffs der Kathedrale von Winchester. Wynford, der von 1360 bis 1403 ebenfalls in Wells tätig war, erbaute in Winchester auch das Vierungsgewölbe (1475–90) in einem ähnlichen Stil.[84] Beim Gewölbe der Kathedrale von Winchester bezog er sich eng auf die Entwürfe von Yeveley für Canterbury.[85] Hier verläuft neben der Scheitelrippe auf jeder Seite eine Nebenscheitelrippe aus Liernen. Sie bilden in der Deckenmitte Rauten, welche ungefähren Bögen um die Kegelstrukturen folgen. Diese ergeben sich durch die aufgefächerten Tierceron-Rippen – ein Entwurf, der die Maßwerkstruktur der späteren englischen Fächergewölbe des 16. Jahrhunderts erahnen lässt.[86]

Der Flamboyant-Stil (1380–1500)

In der französischen Spätgotik wurde der Rayonnant-Stil durch den Flamboyant-Stil abgelöst. Dieser zeichnete sich durch ein sogenanntes flammendes, geschwungenes Maßwerk aus, wie man es auf ähnliche Weise zuvor im englischen Decorated-Stil verwendet hatte. Es gab zwar wenige große, neue Projekte in dieser Manier, doch man ersetzte zahlreiche Fenster – unter anderem die der Kathedralen von Amiens (um 1500), Beauvais und der Sainte-Chapelle in Paris. Der Flamboyant-Stil gewann ab Mitte des 15. Jahrhunderts auch in Spanien an Bedeutung, wo er sich zum Beispiel im Maßwerk der Reinigungskapelle (1482–94) in der KATHEDRALE VON BURGOS zeigt.

Spätgotische Architektur in Mitteleuropa (1300–1550). Netzgewölbe, Schlingrippengewölbe und Zellengewölbe

In der Spätgotik kam der gotische Stil in Mitteleuropa noch einmal zur vollen Blüte. Im heutigen Deutschland und Tschechien entstanden einige der spannendsten Gewölbe, die man in Kirchenbauten finden kann. Vor allem in Mitteleuropa erbaute man in den rasch wachsenden Städten zahlreiche Kirchen. Wohlstand und Bürgerstolz regten zu einem Wettstreit im Errichten neuer Pfarrkirchen an, die manchmal fast die Größe von Kathedralen erreichten. So war etwa Lübeck vom 13. bis 15. Jahrhundert zur mächtigsten Stadt des geografisch riesigen Ostseeraums aufgestiegen. Lübecks Vorrangstellung festigte sich noch mehr, als es zum Hauptort der Hanse wurde, was der Stadt eine Monopolstellung auf dem nordeuropäischen Markt verlieh. Die Handelsverbindungen mit Flandern sowie die Tatsache, dass viele Lübecker Bürger flämische Wurzeln hatten, bieten eine Erklärung für die Ausbreitung des ursprünglich französischen Typus der Gotik mit ihren Chorumgängen und angegliederten Kapellen im Ostseeraum.[87]

Die eindrucksvolle Pfarrkirche ST. MARIEN (1277–1351) in Lübeck entstand ganz in der traditionellen norddeutschen Backsteinbauweise und zeigt einen eindrucksvollen Innenraum von 39 Metern Höhe – eine Dimension, die die Maße der Kathedrale von

KATHEDRALE VON CANTERBURY *(siehe S. 98)*
KATHEDRALE VON WINCHESTER *(siehe S. 100)*

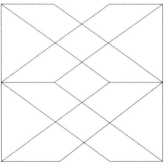

Chartres überragt und fast an Amiens, Köln und Beauvais heranreicht.[88] Ein Triforium, wie es französische und flämische Vorbilder aufweisen, fehlt. So flutet reichlich Licht durch das hohe Fenstergeschoss in den weiten Innenraum. Im Gegensatz zu den französischen und den flämischen Kirchen werden die Backsteinwände im Inneren mit dekorativen Fresken überdeckt – eine Vorgehensweise, die sich im folgenden Jahrhundert in einer Reihe von Kopien der Lübecker Marienkirche entlang der Ostseeküste fortsetzt. So weist auch die frühere Zisterzienserkirche, das DOBERANER MÜNSTER (1294–1368), bei Rostock Fresken auf.[89] Hier gibt es sogar ein aufgemaltes Triforium als Trompe-l'œil-Effekt zwischen Säulengängen und Fenstergeschoss.

Neben dem Kölner Dom als außergewöhnliches Beispiel für den Rayonnant-Stil gilt der VEITSDOM (1344–1929) in Prag als die bedeutendste gotische Basilika in französischer Bauweise in Mitteleuropa. Der Reichtum, der den böhmischen Königen im 14. Jahrhundert durch den Silberabbau zufloss, verwandelte Prag in das Paris des Ostens und ermöglichte es, dass dort die erste Universität nördlich der Alpen gegründet wurde. Kein Geringerer als Kaiser Karl IV. erteilte den Auftrag für die Erbauung des Veitsdoms, nachdem Prag zum Erzbistum erhoben worden war. Matthias von Arras arbeitete als erster Baumeister am Dom und entwarf ihn im Rayonnant-Stil, ehe er 1352 starb. Der begabte 23-jährige Peter Parler von Gmünd (wahrscheinlich Sohn des Baumeisters Heinrich Parler, tätig in Schwäbisch Gmünd) übernahm 1356 die Leitung und setzte die Bauarbeiten bis zum Beginn der Hussitenkriege 1420 fort. Das Hauptschiff des Prager Veitsdoms wurde erst im frühen 20. Jahrhundert fertiggestellt.[90] Peter Parler konzipierte hohe Tonnengewölbe mit Netzmustern, die zeitlich früheren Vorbildern aus England wie dem Chorgewölbe in Wells nachempfunden sein könnten. Wie in Wells durchkreuzen auch im Veitsdom die Diagonalrippen jeweils zwei Joche. Im Gegensatz zum Chor von Wells entstehen hier jedoch netzartige polygonale Rauten.

Die Netzgewölbe des Prager Veitsdoms zeitigten eine starke Wirkung auf die spätere gotische Architektur in Mitteleuropa, was sich besonders in den sogenannten Hallenkirchen niederschlug, die damals in vielen Teilen des heutigen Deutschlands verbreitet waren. ST. SEBALD (1359–79) in Nürnberg gehört zu den frühen Beispielen dieser Bauform.[91] Das Gewölbe weist eine konservative vierteilige Gewölbestruktur auf, mit zwei nahe nebeneinanderstehenden Pfeilern am Apsisende. Eine spätere Alternative dieses Arrangements zeigen die Gewölbe der HEILIG-GEIST-KIRCHE (1407–61) in Landshut und ST. JOHANNES (1467–1502) in Dingolfing, wo das Apsisende nur einen Pfeiler aufweist, um die übrigen Pfeiler gleichmäßiger verteilen zu können.[92] Wie bei vielen Hallenkirchen des 15. Jahrhunderts wird in den Netzgewölben mit ihrem Muster aus dicht aufeinanderfolgenden Rippen eine immer größere Raffinesse beim Verarbeiten englischer Vorbilder spürbar.

In der Kirche ST. MARTIN (1385–1480) in Landshut wurde erst der Chor von Hans Krumenauer erbaut und mit einem komplexen Gewölbe versehen. Später errichtete Hans von Burghausen das Hauptschiff. Es erhielt ein Gewölbe, das eine fast identische

KIRCHE ST. MARIEN IN LÜBECK (siehe S. 103)
DOBERANER MÜNSTER (siehe S. 104)
VEITSDOM IN PRAG (siehe S. 106)
SCHEMA DES HAUPTSCHIFFGEWÖLBES DES VEITSDOMS
KIRCHE ST. SEBALD IN NÜRNBERG (siehe S. 109)

Kopie der Gewölbe von Peter Parler im Veitsdom darstellt. Hans von Burghausen war einer der großen deutschen Baumeister jener Zeit, der auch an der Franziskanerkirche in Salzburg beteiligt war.[93] Der Drang nach immer komplizierteren Konstruktionen für Gewölbe nahm in Mitteleuropa im Laufe des 15. und 16. Jahrhunderts noch zu. Sichtbar ist diese Tendenz im HEILIG-KREUZ-MÜNSTER (1315–1521) in Schwäbisch Gmünd. Diese Kirche wurde bereits 1315 begonnen – vermutlich von Peter Parlers Vater Heinrich, der zusammen mit seinem Sohn den Chor konzipierte. Nach dem Zusammensturz der Türme erneuerte das Chorgewölbe vermutlich ein weiterer angesehener Baumeister namens Burkhard Engelberg (1497–1521).[94] Der englische Stil der Gewölbe zeigt sich im Hauptschiff, wo die Struktur an die Marienkapelle der Kathedrale von Ely erinnert. Der Chor stellt mit seinem Netzgewölbe, das an den Chor der Kathedrale in Gloucester denken lässt, jedoch noch einmal eine Steigerung der Vorbilder dar.

Bei dem riesigen STEPHANSDOM (1359–1467) in Wien (siehe S. 117) handelt es sich um eine abgewandelte Form der Hallenkirche, deren Hauptschiff nur wenig höher als die Seitenschiffe ist und keinen Obergaden aufweist. Am Bau des Doms wurde mehr als eineinhalb Jahrhunderte lang gearbeitet und das Gewölbe des Hauptschiffs erst nach einem Entwurf von Hans Puchspaum fertiggestellt.[95] Ähnliche Gewölbekonstruktionen wie in Wien finden sich in dieser Zeit in ST. GEORG (1448–99) in Dinkelsbühl (siehe S. 118) – erbaut von Nikolaus Eseler dem Älteren und seinem Sohn Nikolaus dem Jüngeren – sowie in der FRAUENKIRCHE (1468–94) in München, die von Jörg Ganghofer, ebenfalls bekannt als Jörg von Halsbach, stammen.[96] Jörg Ganghofer war Stadtbaumeister von München und arbeitete dort auch am Bau des Alten Rathauses mit. Man weiß von ihm nur, dass er in der Nähe von Moosburg zur Welt kam und 1488 starb, als die Frauenkirche, sein wichtigstes Werk, bis auf den Turm fertiggestellt war. Die Frauenkirche gehört unbestritten zu den schönsten Hallenkirchen in Deutschland. Ihr außerordentlich hoher Innenraum mit den achteckigen Pfeilern und dem Gewölbe mit Sternmuster verleihen ihr eine geradezu spirituell anmutende Harmonie.

Im 15. Jahrhundert erreicht das dekorative Netzgewölbe in den deutschen Hallenkirchen in zwei Gebäuden seinen Höhepunkt, von denen das eine in Pirna östlich von Dresden und das andere etwas südlicher in Annaberg-Buchholz steht. ST. MARIEN (1502–46) in Pirna weist achteckige Pfeiler auf, die an die Frauenkirche in München erinnern.[97] Die Seitenschiffe sind hier mit Sterngewölben überdeckt, welche mit dem Tonnengewölbe des Hauptschiffs zu einem dichten rechtwinkligen Rippenmuster verschmelzen, ähnlich dem im Chor von Schwäbisch Gmünd. Die Flächen zwischen den Rippen sind zudem mit floralen Motiven üppig bemalt.

Das florale Motiv findet sich auch in der ST. ANNENKIRCHE (1499–1525) in Annaberg-Buchholz, deren Gewölbe (1519–22) zwar an ein Sterngewölbe anknüpft, aber eines der ersten Beispiele eines Schlingrippengewölbes darstellt.[98] Die Rippen folgen hier nicht nur der Krümmung des Gewölbes, sondern verschlingen sich noch horizontal, um ein zentrales Blumenmuster mit sechsblättrigen Blüten zu ergeben.

HEILIG-GEIST-KIRCHE IN LANDSHUT *(siehe S. 110)*

KIRCHE ST. JOHANNES IN DINGOLFING *(siehe S. 111)*

KIRCHE ST. MARTIN IN LANDSHUT *(siehe S. 113)*

HEILIG-KREUZ-MÜNSTER IN SCHWÄBISCH GMÜND *(siehe S. 115)*

FRAUENKIRCHE IN MÜNCHEN *(siehe S. 119)*

Diese botanische Analogie im Gewölbe der St. Annenkirche wird zudem durch die Tatsache intensiviert, dass die Schlingrippen wie die Äste eines Baumes organisch aus den achteckigen Pfeilern herauszuwachsen scheinen.

In Böhmen wurde ein ähnliches Blütenmuster für das Hauptschiffgewölbe des St.-Barbara-Doms (1388–1548) in Kutná Hora (siehe S. 122) im heutigen Tschechien verwendet. Der Reichtum durch die örtlichen Silberminen ermöglichte den Bau des Doms, der von Peter Parler mit einem Fenstergeschoss im französischen Stil und einem Sterngewölbe über dem Chor begonnen wurde. Der süddeutsche Baumeister Benedikt Ried fügte die oberen Teile des Hauptschiffs (1540–48) mit den Fenstern hinzu, die so stark zurückgesetzt sind, dass sie dem außergewöhnlichen Gewölbe mit seinem Rippenmuster, das an das Gewölbe in der St. Annenkirche erinnert, viel Licht zu geben vermögen.[99] Ried gilt als einer der Ersten, der das Schlingrippengewölbe im Wladislawsaal in der Prager Burg (1493–1514) zum Einsatz brachte, das Pate für die Gewölbe in Annaberg-Buchholz und Kutná Hora gestanden haben muss.

Die Vermischung von Stern- und Blumenmustern lässt sich auch entlang der Ostseeküste verfolgen. In Stargard Szczeciński im heutigen Polen steht die Marienkirche (1292–1500). Sie ist als Backsteinbasilika in dieser Form einzigartig und weist ein Triforium von Hinrich Brunsberg sowie Gewölbe auf, deren Sternmuster durch geschlungene Nebenrippen ergänzt wird, um blütenartige Gebilde zu erzeugen.[100] Vielleicht steigerte man mit Peter Parlers Chor in Kutná Hora als Vorbild vor Augen die dekorative Wirkung noch durch die gemalten Ornamente an den Decken, die bis zu den umfangreichen gemalten Sternmustern im Gewölbe des Chorumgangs reichen.

Weiter im Osten, in Danzig, schmückte Heinrich Haetzl die Marienkirche (1379–1502) aus Backstein mit einem exquisiten Gewölbe (1496–1502).[101] Während das Hauptschiff Sterngewölbe aufweist, wurden in den Seitenschiffen die erhöhten Rippen beseitigt, die Aufteilung in Zellen jedoch beibehalten, wodurch ein sogenanntes Zellen- oder auch Diamantgewölbe entstand. Haetzls Gewölbe wurde mehrfach in Danzig kopiert, unter anderem in den Pfarrkirchen St. Katharina und St. Birgitten (um 1500). Das ungewöhnliche, rippenlose Zellengewölbe scheint zuerst von Arnold von Westfalen eingesetzt worden zu sein, dem erfindungsreichen Baumeister der Albrechtsburg (um 1470) in Meißen. Von dort aus verbreitete sich diese Form über Böhmen in andere Teile Mitteleuropas.[102] In Tábor, im heutigen Tschechien, wurde der Chor der Dekanatskirche zur Verklärung Christi (um 1480–1512) (siehe S. 128) durch den Prager Meister Stanek mit einem ähnlichen Zellengewölbe überdacht.[103]

Der späte englische Stil (1480–1550). Strahlen- und Fächergewölbe
Die englischen Baumeister der Spätgotik experimentierten das 15. und 16. Jahrhundert hindurch mit immer neuen Gewölbeformen. Die späten Gewölbe im Perpendicular-Stil (1492–99) über dem Chor der Kathedrale von Norwich entwarf Robert Everard (Baumeister von 1440–85). Sie zeigen eine kunstvolle Anordnung von Nebenrippen,

Kirche St. Marien in Pirna *(siehe S. 120)*
St. Annenkirche in Annaberg-Buchholz *(siehe S. 121)*
Marienkirche in Stargard Szczeciński *(siehe S. 125)*
Marienkirche in Danzig *(siehe S. 127)*
Kirche St. Brigitten in Danzig *(siehe S. 129)*

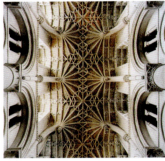

die in der Mitte des Gewölbes ein Sternmuster bilden.[104] Der Übergang von den runden normannischen Säulengängen zur Decke ist hier besonders interessant gelöst, denn die Formen der Bögen und der davon abgehenden Halbpfeiler werden in den Doppelsäulen des Fenstergeschosses wieder aufgegriffen.

Eine andere raffinierte Lösung für den Übergang von einer normannischen Wandgestaltung in ein spätgotisches Gewölbe zeigt die KATHEDRALE VON OXFORD (1158–1529). Hier baute wahrscheinlich William Orchard, der von 1475 bis zu seinem Tod 1504 dort tätig war, ein Gewölbe (1478–1503) mit einem noch komplexeren Sternmuster als in Norwich.[105] Die Rippen entspringen Abhänglingen, die auf Kragsteinen sitzen, welche aus schweren normannischen Säulen in das Gewölbe zu wachsen scheinen. Die Abhänglinge sind reine Zierde und leiten zum Strahlengewölbe der Tudorzeit über.

Das diffizile kurvenförmige Muster der Fächergewölbe, deren gemeißelte Rippen gleichmäßig verteilt sind und die gleiche Rundung aufweisen, signalisiert das Ende des Perpendicular-Stils und den Beginn der Tudorzeit in der englischen Architektur. Mit dem 16. Jahrhundert war es gängig geworden, standardisierte Bauelemente in den Werkstätten der Steinmetzen seriell herzustellen – eine Entwicklung, die sich auch in den Fächergewölben widerspiegelt. In den traditionellen gotischen Gewölben waren die Hauptrippen noch separate Teile, die erst gebaut wurden, wenn man die Netze aus Nebenrippen an der Decke befestigte. Mit den Fächergewölben wurden die Rippen zu einem integralen, nicht tragenden Maßwerkmuster, das in große gewölbte Steinplatten gemeißelt wurde. Diese Platten konnten in der Werkstatt nach Vorlagen hergestellt und dann vor Ort zusammengesetzt werden, um so das Gewölbe zu formen.

Zu den außergewöhnlichsten Beispielen dieses Typus gehören die Gewölbe in der ABTEIKIRCHE VON BATH (1501–39), die nach Entwürfen von Robert und William Vertue entstanden. Die Vertue-Brüder waren königliche Baumeister und schufen viele der kostbaren spätgotischen Fächergewölbe in England, unter anderem für die Kapelle Heinrichs VII. in Westminster und die St.-Georgs-Kapelle in Schloss Windsor.[106]

Ein prachtvolles Fächergewölbe für den Bell-Harry-Vierungsturm (1493–1507) der KATHEDRALE VON CANTERBURY schuf John Wastell. Er gilt als einer der bedeutendsten Baumeister der englischen Spätgotik. Ihm werden auch die berühmten Fächergewölbe der Kapelle im KING'S COLLEGE (1448–1515) in Cambridge zugeschrieben, die 1508 bis 1515 entstanden.[107] Der Innenraum dieser Kapelle ist außergewöhnlich, denn das Thema des zarten Maßwerks der riesigen Glasfenster aus dem Chor wird vom Blendmaßwerk des Fächergewölbes fast identisch wieder aufgenommen.

Interessanterweise entstanden die englischen Fächergewölbe zur gleichen Zeit wie die mitteleuropäischen Schlingrippengewölbe der St.-Annenkirche in Annaberg-Buchholz, des Hauptschiffs von St. Barbara in Kutná Hora sowie die spätgotischen Gewölbe Portugals und Spaniens. Obwohl ganz anders, verwendeten sie doch alle geschwungene Linien, die sich aus Kreisbögen ergeben – ein Merkmal, das sich auch bei der Rückkehr der zeitgleichen italienischen Renaissance zur klassischen Form des Kreises wiederfindet.

KATHEDRALE VON NORWICH *(siehe S. 131)*

KATHEDRALE VON OXFORD *(siehe S. 132)*

ABTEIKIRCHE VON BATH *(siehe S. 135)*

KATHEDRALE VON CANTERBURY *(siehe S. 99)*

KAPELLE DES KING'S COLLEGE IN CAMBRIDGE *(siehe S. 133)*

SPÄTGOTIK IN PORTUGAL UND SPANIEN (1380–1590). BEGINN DER RENAISSANCE
Die Gotik breitete sich im Laufe des 14. Jahrhunderts nur langsam auf der Iberischen Halbinsel aus, um schließlich in der Spätgotik zu voller Blüte zu gelangen. Unter den katholischen Herrschern entwickelten sich im späten 15. und frühen 16. Jahrhundert prunkvolle höfische Stile, die in Spanien nach Königin Isabella isabellinischer und in Portugal nach König Manuel I. manuelinischer Stil genannt wurden.

König Johann I. von Portugal gründete das eindrucksvolle Dominikanerkloster mit den königlichen Grabkapellen von SANTA MARIA DA VITÓRIA (1388–1533) in Batalha.[108] Afonso Domingues' Entwurf für das imposante Gebäude orientierte sich am Bau von Santa Maria d'Alcobaça. Domingues starb 1402, und Meister Huguet, der möglicherweise englischer Abstammung war, übernahm die Leitung des Baus. Huguet vergrößerte die Höhe des Hauptschiffs und errichtete die Gewölbe. Während die Wände an französische Vorbilder denken lassen, wirken die Scheitelrippen der Gewölbe über Haupt- und Seitenschiffen eher englisch. Das gilt vor allem für das komplexe Chorgewölbe, das durch die diagonalen Rippen und die Scheitelrippen in 16 Abschnitte untergliedert ist, sowie für die Vorblendung einer Rautenform über die beiden rechtwinkligen Joche. Huguet konzipierte ebenso zwei Grabkapellen für die Kirche, ehe er 1440 starb. Die quadratische Stifterkapelle (1426–34) sollte die Grablegen von König Johann I. und seiner Gemahlin beherbergen, ein riesiger Rundbau die Gräber von König Duarte I. und seiner Familie. Der letztgenannte Bau wurde nie vollendet und wird als »Unvollendete Kapellen« bezeichnet (begonnen 1435).[109] Vermutlich sollte die Grablege ebenfalls ein achtzackiges Sterngewölbe wie ihre quadratische Schwesterkapelle erhalten. Jetzt überdeckt sie jedoch nur das Himmelszelt.

Im Hieronymitenkloster in Belém bei Lissabon gründete König Manuel I. die Kirche SANTA MARIA (1501–72), die nach Entwürfen von Diogo Boytac erbaut wurde. Boytac gestaltete auch die Franziskanerkirche in Setúbal und war möglicherweise an den späteren Arbeiten in Batalha beteiligt. Das Hauptschiff von Belém wurde von João de Castilho – der bis etwa 1530 in Belém tätig war – um 1517 vollendet.[110] Schlanke Pfeiler tragen ein komplexes Sterngewölbe mit geraden und gekrümmten Rippen.

In Spanien feierte man den Sieg in der Schlacht von Toro (1476) und die Geburt eines Thronfolgers mit der Gründung des Franziskanerklosters SAN JUAN DE LOS REYES in Toledo, dessen Kirche (1477–99) als Grabstätte für König Ferdinand und seine Gattin Isabella gedacht war. Juan Guas, einer der wichtigsten spanischen Architekten seiner Generation, erbaute die Kirche, nachdem er das Hieronymitenkloster SANTA MARÍA DEL PARRAL (1455–75) in Segovia entworfen hatte.[111] Wie es für die meisten gotischen Kirchen Spaniens typisch ist, besteht das Gewölbe des Hauptschiffs in San Juan de los Reyes aus klar definierten Querrippen. Sterngewölbe bilden sich in der Mitte eines jeden Jochs durch kurze Scheitel- und Nebenrippen und betonen die Eigenständigkeit der einzelnen Joche – ganz konträr zum einheitsgebenden Fluss der Rippen entlang des Gewölbezentrums der englischen und deutschen Gewölbetypen jener Zeit.

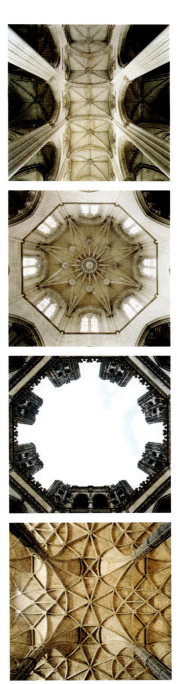

ABTEIKIRCHE SANTA MARIA DA VITÓRIA IN BATALHA (siehe S. 138)
ABTEIRKIRCHE SANTA MARIA DA VITÓRIA IN BATALHA, STIFTERKAPELLE (siehe S. 140)
ABTEIKIRCHE SANTA MARIA DA VITÓRIA IN BATALHA, UNVOLLENDETE KAPELLEN (siehe S. 141)
ABTEIKIRCHE SANTA MARIA IN BELÉM (siehe S. 143)

Der achteckige Vierungsturm in San Juan de los Reyes in Toledo wartet mit einem weiteren Sterngewölbe auf. Dieser Turm steht in der spanischen Tradition von runden oder oktogonalen Vierungstürmen. Dabei spielen maurische Vorbilder eine große Rolle, wie man das in der Kathedrale von Burgos sehen kann.

Die Kathedrale von Burgos (1221–1569) ist vor allem berühmt wegen ihres ungewöhnlichen achteckigen Vierungsturms (1466–1502), der zuerst von Johannes von Köln (ab 1442 in Burgos tätig) erbaut wurde. Der heutige Turm mit seinem offenen Gitterwerk (1569) gilt als exakte Kopie des Originals, das 1539 einstürzte.[112] Das herrliche Sterngewölbe dieses Turms verweist auf maurischen Einfluss. Die Familie des Johannes von Köln war bekannt für ihre eindrucksvollen Vierungstürme mit offenem Gitterwerk, das so manche technische Schwierigkeit mit sich brachte. Simon, Sohn des Johannes von Köln, konzipierte ein ganz ähnliches Gewölbe mit einem offenen Gitterwerk für die Reinigungskapelle (1482–1505) von Burgos sowie für die Vierung der Kathedrale von Sevilla (1497–1502). Letztgenanntes Gewölbe aber stürzte 1511 ein.

Im 15. und 16. Jahrhundert trug der immense Reichtum, der aus Amerika nach Spanien gelangte, zum Bau imposanter gotischer Kathedralen bei, darunter in Sevilla, Salamanca, Palencia und Segovia. Die Kathedrale Santa María de la Sede (um 1402–1515) in Sevilla war zwar schon zu Beginn des 15. Jahrhunderts begonnen worden, doch erst über hundert Jahre später sollte der umtriebige Baumeister Juan Gil de Hontañón, der auch an den Kathedralen von Palencia, Salamanca und Segovia tätig war, das schmuckvolle Vierungsgewölbe, das das zusammengestürzte Gewölbe von Simon von Köln ersetzen sollte, fertigstellen.[113] Durch die ausladenden Seitenschiffe und das fehlende Fenstergeschoss im Obergaden wirkt das Innere der Kathedrale von Sevilla dunkler als das der meisten anderen spanischen Kathedralen.

Die Kathedralen von Palencia, Salamanca und Segovia sind nach dem Muster der Basilika in Sevilla gestaltet und weisen ähnliche Gewölbe auf. Obwohl mit dem Bau der Kathedrale von Palencia (1321–1514) im 14. Jahrhundert begonnen wurde, dauerte die Fertigstellung des Innenraums beinahe zwei Jahrhunderte, wodurch die Gewölbe einen verwandten Stil erhielten wie die Kirchen in Salamanca und Segovia.[114] Juan Gil de Hontañón war mit seinem Sohn Rodrigo sowohl an der Neuen Kathedrale (1512–38) von Salamanca und dem Chor (1563–91) der Kathedrale von Segovia (1522–1768) beteiligt, die fast identische Sterngewölbe aufweisen.[115] In beiden Fällen werden die Joche klar durch die diagonalen Rippen und zentrale, blütenartige Nebenrippen definiert. Ohne diese runden Gewölbemotive hätten die runden Vierungskuppeln, die beiden Kathedralen später beigefügt wurden, seltsam fehl am Platz gewirkt.

Die spätgotische Architektur lässt sich durchaus als Höhepunkt einer stufenweisen Entwicklung der gotischen Rippe vom Stützelement zum reinen Strukturierungselement verstehen. Die detailreichen Rippenmuster der Spätgotik in den spanischen, englischen und deutschen Kirchenbauten scheinen auf organische Weise die Gewölbefläche wie üppig wuchernde Pflanzen zu bedecken. Dies Bild wiederum passt durchaus

Abteikirche San Juan de los Reyes in Toledo (siehe S. 144)
Abteikirche Santa María del Parral in Segovia (siehe S. 146)
Kathedrale von Burgos (siehe S. 147)
Kathedrale von Sevilla (siehe S. 149)
Kathedrale von Palencia (siehe S. 150)

zur Analogie der gotischen Kirche als abgeschlossener Garten oder Wald – eine uralte Vorstellung, die durch das skulpturale Blattwerk, das sich in zahlreichen gotischen Kirchen findet, letztlich auch auf das Gotteshaus als Paradiesgarten verweist.[116]

Die Kathedrale von Segovia war die letzte große gotische Kirche, die in Spanien entstand. Sie beendete die Vorherrschaft dieses Stils in Europa nach über vierhundert Jahren. Zur gleichen Zeit, als die spätgotischen Kathedralen in Palencia, Salamanca und Segovia erbaut wurden, erneuerte man in Rom den Petersdom im Stil der Renaissance, deren Rückkehr zu antiken Grundformen zum Teil eine Reaktion auf die übermäßige Detailversessenheit der Spätgotik war. Die Architekten der Renaissance bevorzugten die schlichte Vollkommenheit des Kreises und seiner Abwandlungen – des Halbbogens und der Kuppel. Man begann sich über den gotischen Spitzbogen lustig zu machen und behauptete, er stamme aus den primitiven Hütten nordeuropäischer Waldbewohner. Dabei sollte allerdings nicht außer Acht gelassen werden, dass zu den größten Werken Filippo Brunelleschis (1377–1446), der häufig als Vater der italienischen Renaissance bezeichnet wird, der Entwurf der riesigen achteckigen Kuppel des gotischen Doms Santa Maria del Fiore von Florenz zählt. Tatsächlich waren zahlreiche Baumeister der Renaissance damit beschäftigt, gotische Gebäude zu vollenden.

Die Verwendung des Wortes *gotisch* oder *gotico*, was italienisch so viel wie »fremdartig« oder »barbarisch« bedeutet, tauchte möglicherweise zum ersten Mal in einem Text von Leon Battista Alberti (1404–1472) auf, einem der wichtigsten Theoretiker der Renaissance. Das Wort Gotik bezieht sich auf die Goten, die unter ihrem Anführer Alarich I. Rom im Jahr 410 einnahmen und sich dementsprechend bei den Italienern nicht gerade beliebt machten. Im Laufe der Renaissance wurde der Begriff auf die Kunst und Architektur angewandt, die aus den Ländern nördlich von Italien kam – vor allem aus Frankreich und Deutschland. Die gotische Formensprache galt im Vergleich zu den simplifizierten und idealisierten Kreismotiven der Renaissance als bäuerisch oder dekadent.[117] Erst die nachfolgenden Epochen des Barock und Rokoko sollten wieder komplexe Verzierungen einführen.

Im 19. Jahrhundert erlebte die gotische Architektur eine Wiederbelebung. Befreit von den negativen Verknüpfungen erzeugte diese Stilrichtung des Mittelalters vielmehr eine Reihe von höchst dekorativen Abwandlungen im neugotischen Stil. Das Erbe der Spätgotik mit ihrer Orientierung an Pflanzenformen reichte bis in frühe moderne Bewegungen wie die Architktur des Jugendstil hinein. Eine Erinnerung an das gotische Gewölbesystem mit seinen sichtbaren, stützenden Rippen kann man heute noch in den innovativsten Stahl- und Betonkonstruktionen erkennen, obgleich die Virtuosität der gotischen Steinmetzkunst wohl für alles Zeiten verloren gegangen ist.

Jeder dieser gotischen Kirchen stellte eine Lösung für theologische, liturgische, politische, wirtschaftliche, technische sowie ästhetische Fragen dar. Auch wenn diese für uns heute nicht mehr nachvollziehbar sind, erleben wir diese großen Bauten dennoch als faszinierende Kunstwerke, die uns auf eine eine allumfassende Weise berühren.

NEUE KATHEDRALE VON SALAMANCA *(siehe S. 151)*
KATHEDRALE VON SEGOVIA *(siehe S. 153)*

Anmerkungen

1. Christopher Wilson: *The Gothic Cathedral. The Architecture of the Great Church 1130–1530*. London: Thames and Hudson, 1990, 8.
2. Für einen guten Überblick siehe: Earl Baldwin Smith: *The Dome and Its Origins*. Princeton: Princeton University Press, 1972, und Karl Lehmann: *The Dome of Heaven*, in: Art Bulletin 27 (März 1945), 4.
3. Toman, Rolf (Hg.): *Gotik. Architektur, Skulptur, Malerei*. Potsdam: h.f. Ullmann, 2009, 155.
4. Ebd., 154.
5. Für einen Überblick über die mittelalterlichen Baumethoden siehe: John Fitchen: *The Construction of Gothic Cathedrals: A Study of Medieval Vault Erection*. Chicago: University of Chicago Press, 1981.
6. Robert Mark (Hg.): *Architectural Technology up to the Scientific Revolution*. Cambridge, MA: MIT Press, 1993, 8 f.
7. Ebd., 142–144.
8. Paul Frankl: *Gothic Architecture*. New Haven: Yale University Press, 2000, 44. Ebenso Bussagli, Marco (Hg.): *Rom. Kunst und Architektur*. Potsdam: Ullmann/Tandem, 2004, 418.
9. R. Mark: *Architectural Technology*, 145–147.
10. Als Gesamtüberblick siehe: David Stephenson: *Die schönsten Kuppeln Europas*. München u. a.: Prestel, 2012.
11. Kenneth John Conant: *Carolingian and Romanesque Architecture 800 to 1200*. Harmondsworth, UK: Penguin Books, 1966, 171 f.
12. Ebd., 231 f.
13. Ebd., 221.
14. Ebd., 98–103.
15. Ebd., 109, 113, 119 f.
16. Ch. Wilson: *The Gothic Cathedral*, 48.
17. Ebd., 76, 255–257.
18. Toman, Rolf (Hg.): *Die Kunst der italienischen Renaissance: Architektur, Skulptur, Malerei, Zeichnung*. Köln: Könemann 1995, 7.
19. Ch. Wilson: *The Gothic Cathedral*, 48.
20. K. J. Conant: *Carolingian and Romanesque Architecture*, 126–129.
21. P. Frankl: *Gothic Architecture*, 53 f.
22. Ebd., 41–50.
23. Ebd.
24. Für einen Einblick in Abt Sugers Ansichten über die Bedeutung des Lichts siehe: Otto Simson: *The Gothic Cathedral: Origins of Gothic Architecture and the Medieval Concept of Order*. New York: Bolligen Foundation, 1962.
25. P. Frankl: *Gothic Architecture*, 126; Ch. Wilson: *The Gothic Cathedral*, 31–42.
26. P. Frankl: *Gothic Architecture*, 84; Ch. Wilson: *The Gothic Cathedral*, 40 f.
27. P. Frankl: *Gothic Architecture*, 74 f.
28. Ebd., 60–65; R. Toman: *Gotik*, 36–38.
29. P. Frankl: *Gothic Architecture*, 82.
30. John Harvey: *English Mediaeval Architects*. Gloucester: Alan Sutton, 1984, 100 f.
31. R. Toman: *Gotik*, 123–125.
32. Ebd., 78–82; J. Harvey: *English Mediaeval Architects*, 185.
33. R. Toman: *Gotik*, 266.
34. Ebd., 98; K. J. Conant: *Carolingian and Romanesque Architecture*, 132 f; P. Frankl: *Gothic Architecture*, 216.
35. P. Frankl: *Gothic Architecture*, 101.
36. Ch. Wilson: *The Gothic Cathedral*, 48.
37. P. Frankl: *Gothic Architecture*, 105–108; Ch. Wilson: *The Gothic Cathedral*, 93–100.

38 Robert Mark: *Experiments in Gothic Structure*. Cambridge, MA: MIT Press, 1982, 34–49.
39 P. Frankl: *Gothic Architecture*, 108–111; Ch. Wilson: *The Gothic Cathedral*, 99 u. 108–112.
40 R. Mark: *Experiments in Gothic Structure*, 34–49.
41 P. Frankl: *Gothic Architecture*, 112; Ch. Wilson: *The Gothic Cathedral*, 99–101.
42 Adolf K. Placzek (Hg.): *Macmillan Encylopedia of Architects*, Bd. 2. New York: The Free Press, 1982, 481 f.; P. Frankl: *Gothic Architecture*, 114 f.; Ch. Wilson: *The Gothic Cathedral*, 102–105.
43 A. K. Placzek: *Macmillan Encylopedia of Architects*, Bd. 3, 587 f.
44 P. Frankl: *Gothic Architecture*, 119–123; Ch. Wilson: *The Gothic Cathedral*, 112–114.
45 P. Frankl: *Gothic Architecture*, 127–129.
46 R. Mark: *Experiments in Gothic Structure*, 58–75.
47 R. Toman: *Gotik*, 66.
48 P. Frankl: *Gothic Architecture*, 161–164; Ch. Wilson: *The Gothic Cathedral*, 124 f.
49 P. Frankl: *Gothic Architecture*, 130–132.
50 Ebd., 166–168; Ch. Wilson: *The Gothic Cathedral*, 126 f.
51 John Harvey: *The English Cathedrals*. London: Batsford, 1956, 168.
52 J. Harvey: *English Mediaeval Architects*, 94.
53 P. Frankl: *Gothic Architecture*, 123–125; Ch. Wilson: *The Gothic Cathedral*, 174–178.
54 P. Frankl: *Gothic Architecture*, 101.
55 Ebd., 146.
56 J. Harvey: *The English Cathedrals*, 164; J. Harvey: *English Mediaeval Architects*, 286.
57 J. Harvey: *The English Cathedrals*, 160.
58 Ebd., 164.
59 Ebd., 170.
60 P. Frankl: *Gothic Architecture*, 158 f.
61 Ebd., 183.
62 Ebd., 155 f.
63 Ebd., 186.
64 Giandomenico Romanelli (Hg.): *Venedig – Kunst und Architektur*. Köln: Könemann, 1997, Bd. 1, 151–154.
65 Ebd., 152 f.
66 Ch. Wilson: *The Gothic Cathedral*, 279; R. Toman: *Gotik*, 267 f.
67 R. Toman: *Gotik*, 179–182.
68 Ch. Wilson: *The Gothic Cathedral*, 156.
69 R. Toman: *Gotik*, 179–182.
70 Ch. Wilson: *The Gothic Cathedral*, 78–82, 199–203; J. Harvey: *The English Cathedrals*, 170.
71 Geoffrey Webb: *Architecture in Britain. The Middle Ages*. Harmondsworth, UK: Penguin Books, 1965, 154.
72 Ebd., 40; J. Harvey: *The English Cathedrals*, 166.
73 P. Frankl: *Gothic Architecture*, 177 f.; J. Harvey: *The English Cathedrals*, 160.
74 J. Harvey: *English Mediaeval Architects*, 80.
75 P. Frankl: *Gothic Architecture*, 189; John Harvey: *The Perpendicular Style*. London: Batsford, 1978, 47 u. 77.
76 J. Harvey: *English Mediaeval Architects*, 164 f.
77 P. Frankl: *Gothic Architecture*, 83 u. 189; Ch. Wilson: *The Gothic Cathedral*, 78–82; Jean Bony: *The English Decorated Style. Gothic Architecture Transformed 1250–1350*. Oxford: Phaidon, 1979, 51.
78 P. Frankl: *Gothic Architecture*, 189; J. Harvey: *The Perpendicular Style*, 225 f.; J. Bony: *The English Decorated Style*, 61.
79 J. Harvey: *English Mediaeval Architects*, 239–245.
80 J. Bony: *The English Decorated Style*, 59.
81 J. Harvey: *The English Cathedrals*, 174; *English Mediaeval Architects*, 156 u. 185.

82 Ebd.
83 J. Harvey: *The Perpendicular Style*, 121; J. Harvey: *English Mediaeval Architects*, 358–366; J. Bony: *The English Decorated Style*, 61.
84 J. Harvey: *The Perpendicular Style*, 221.
85 J. Harvey: *The English Cathedrals*, 169 f.
86 Ch. Wilson: *The Gothic Cathedral*, 83–90; J. Harvey: *The Perpendicular Style*, 229; J. Harvey: *The English Cathedrals*, 157.
87 R. Toman: *Gotik*, 192–196.
88 Ch. Wilson: *The Gothic Cathedral*, 155 f.
89 R. Toman: *Gotik*, 196 f.
90 P. Frankl: *Gothic Architecture*, 200–204.
91 Ebd., 208.
92 Ebd., 223.
93 Ebd., 222 f.; R. Toman: *Gotik*, 212–214.
94 P. Frankl: *Gothic Architecture*, 194 f. u. 235 f.; R. Toman: *Gotik*, 205 f.
95 P. Frankl: *Gothic Architecture*, 206.
96 Ebd., 227 u. 229 f.
97 Ebd., 248.
98 Ebd., 253 f.
99 Ebd., 204 u. 253.
100 Ebd., 220.
101 Ebd., 237; James H. Acland: *Medieval Structure. The Gothic Vault*. Buffalo, NY: University of Toronto Press, 1972, 235.
102 Zoë Opacic: *Diamond Vaults. Innovation and Geometry in Medieval Architecture*. London: Architectural Association, 2005, 4.
103 J. H. Acland: *Medieval Structure*, 233 f.; Randall Van Vynckt (Hg.): *International Dictionary of Architects and Architecture*. Detroit: St. James Press, 1993, Bd. 2, 159 f.
104 J. Harvey: *The English Cathedrals*, 165; J. Harvey: *English Mediaeval Architects*, 102 f.
105 J. Harvey: *The English Cathedrals*, 165–166; *English Mediaeval Architects*, 220–223.
106 J. Harvey: *The English Cathedrals*, 155; J. Harvey: *English Mediaeval Architects*, 305–310.
107 J. Harvey: *English Mediaeval Architects*, 316–325.
108 P. Frankl: *Gothic Architecture*, 216.
109 R. Toman: *Gotik*, 289–294; P. Frankl: *Gothic Architecture*, 251 f.
110 P. Frankl: *Gothic Architecture*, 251; R. Toman: *Gotik*, 295–298; R. Van Vynckt: *International Dictionary*, Bd. 2, 750–752.
111 P. Frankl: *Gothic Architecture*, 239; Ch. Wilson: *The Gothic Cathedral*, 288 f.; R. Toman: *Gotik*, 280 f.
112 Ch. Wilson: *The Gothic Cathedral*, 287.
113 R. Toman: *Gotik*, 276 f.
114 Ebd., 288.
115 P. Frankl: *Gothic Architecture*, 255 f.; Ch. Wilson: *The Gothic Cathedral*, 290–319.
116 P. Frankl: *Gothic Architecture*, 275.
117 Paul Frankl: *The Gothic. Literary Sources and Interpretations through Eight Centuries*. Princeton: Princeton University Press, 1960, 257–259.

Bibliografie

Acland, James H.: *Medieval Structure. The Gothic Vault.* Buffalo, NY: University of Toronto Press, 1972.

Bony, Jean: *The English Decorated Style. Gothic Architecture Transformed 1250–1350.* Oxford: Phaidon, 1979.

    ders.: *French Gothic Architecture of the 12th and 13th Centuries.* Berkeley: University of California Press, 1983.

Bussagli, Marco (Hg.): *Rom. Kunst und Architektur.* Potsdam: Ullmann/Tandem, 2004.

Conant, Kenneth John: *Carolingian and Romanesque Architecture 800 to 1200.* Harmondsworth, UK: Penguin Books, 1966.

Fitchen, John: *The Construction of Gothic Cathedrals. A Study of Medieval Vault Erection.* Chicago: University of Chicago Press, 1981.

Frankl, Paul: *Gothic Architecture.* Neu hg. v. Paul Crossley. New Haven: Yale University Press, 2000 (zuerst erschienen 1962 bei Penguin Books, London).

    ders.: *The English Cathedrals.* London: Batsford, 1956.

    ders.: *The Perpendicular Style.* London: Batsford, 1978.

    ders.: *English Mediaeval Architects.* Gloucester: Alan Sutton, 1984.

Krautheimer, Richard: *Early Christian and Byzantine Architecture.* Harmondsworth, UK: Penguin Books, 1965.

Kubler, George und Martin Soria: *Art and Architecture in Spain and Portugal and their American Dominions 1500 to 1800.* Harmondsworth, UK: Penguin Books, 1959.

Lehmann, Karl: *The Dome of Heaven.* In: Art Bulletin 27 (März 1945), S. 4.

Mark, Robert (Hg.): *Architectural Technology up to the Scientific Revolution.* Cambridge, MA: MIT Press, 1993.

    ders.: *Experiments in Gothic Structure.* Cambridge, MA: MIT Press, 1982.

    ders.: *Light, Wind, and Structure. The Mystery of the Master Builders.* Cambridge, MA: MIT Press, 1990.

Opacic, Zoë: *Diamond Vaults. Innovation and Geometry in Medieval Architecture.* London: Architectural Association, 2005.

Placzek, Adolf K. (Hg.): *Macmillan Encyclopedia of Architecture.* New York: The Free Press, 1982.

Romanelli, Giandomenico (Hg.): *Venedig – Kunst und Architektur.* Köln: Könemann, 1997. 2 Bd.

Shepard, Paul: *Man in the Landscape.* New York: Ballantine, 1972.

Smith, Earl Baldwin: *The Dome and Its Origins.* Princeton: Princeton University Press, 1972.

Stephenson, David: *Die schönsten Kuppeln Europas.* München u. a.: Prestel, 2012.

Stierlin, Henri: *Islam I. Frühe Bauwerke von Bagdad bis Córdoba.* Köln: Taschen, 1999.

Toman, Rolf (Hg.): *Die Kunst der italienischen Renaissance. Architektur, Skulptur, Malerei, Zeichnung.* Köln: Könemann, 1995.

    ders.: *Gotik. Architektur, Skulptur, Malerei.* Potsdam: h.f. Ullmann, 2009.

Van Vynckt, Randall (Hg.): *International Dictionary of Architects and Architecture.* Detroit: St. James Press, 1993.

Von Simson, Otto: *The Gothic Cathedral: Origins of Gothic Architecture and the Medieval Concept of Order.* New York: Bolligen Foundation, 1962.

Viollet-le-Duc, Eugène Emmanuel (Hg.): *Dictionnaire raisonne de l'architecture francaise du XIe au XVIe siecle.* Paris: B. Bance, 1858–1868.

Webb, Geoffrey: *Architecture in Britain. The Middle Ages.* Harmondsworth, UK: Penguin Books, 1965.

White, John: *Art and Architecture in Italy 1250 to 1400.* Harmondsworth, UK: Penguin Books, 1966.

Wilson, Christopher: *The Gothic Cathedral. The Architecture of the Great Church 1130–1530.* London: Thames and Hudson, 1990.

Danksagung

An dieser Stelle möchte ich einer ganzen Reihe von Menschen und Organisationen danken, die mir sowohl Material als auch geistige Unterstützung bei diesem Projekt geboten haben. Zuerst einmal waren da die alten Baumeister der Kirchen sowie die Organisationen, die diese Gebäude weiterhin erhalten und es den Besuchern heute ermöglichen, sie zu betrachten.

Da ich weniger Kunsthistoriker als vielmehr Künstler bin, musste ich mich bei meinen Recherchen stark auf einige Architekturhistoriker stützen, die in den Fußnoten und der Bibliografie aufgelistet sind. Ich habe versucht, ihre unterschiedlichen Ansichten und meine Erfahrungen mit den jeweiligen Bauten, so gut es möglich war, zusammenzuführen. Falls es trotzdem zu Fehlern gekommen sein sollte, liegen diese allein bei mir.

Ich bin dem australischen Council for the Arts für sein Fellowship-Stipendium 2008 und 2009 zutiefst dankbar, denn dieses gestattete es mir, meine Lehrtätigkeit in dieser Zeit zu reduzieren, um das vorliegende Projekt und andere zu Ende zu bringen.

Ich danke auch der Tasmanian School of Art an der Universität von Tasmanien sowie meinen dortigen Kollegen – ganz besonders Professor Noel Frankham, dem Dekan des Instituts – dafür, dass sie mich bei meiner Arbeit stets unterstützt haben. Das Studienprogramm der Universität für außeruniversitäre Projekte half mir bei meinen ersten Recherchen zu gotischen Gewölben in Frankreich, Belgien und England. Der technische Leiter für Fotografie, Gerrard Dixon, bediente dabei fröhlich den Farbdrucker und führte so viele der wichtigen Bildscans durch.

Für die Präsentation dieses Projekts in seinen ersten Phasen und für ihre stete Unterstützung meiner Arbeit möchte ich der Julie Saul Gallery in New York, der Bett Gallery in Hobart/Australien, der Boutwell Draper Gallery in Sydney sowie der John Buckley Gallery in Melbourne danken.

Isobel Crombie, die Seniorkuratorin für Fotografie der National Gallery of Victoria in Melbourne, ist mir seit Langem eine wichtige Hilfe, und ich bin ihr in diesem Fall vor allem für ihr wohlwollendes und aufschlussreiches Vorwort dankbar.

Wie bei meinem vorherigen Buch *Visions of Heaven (Die schönsten Kuppeln Europas)* zeigten sich der Verlag Princeton Architectural Press und vor allem meine Lektorin Nicola Bednarek als beispielhaft kompetent und positiv, was den gesamten Prozess, ein Buch zur Vollendung zu bringen, sehr viel angenehmer als gewöhnlich gestaltete. Für ihre Unterstützung bei diesem Projekt bin ich ihr zutiefst zu Dank verpflichtet.

Schließlich möchte ich meiner Frau Anne MacDonald, die immer eine kluge Kritikerin ist, für ihre Liebe und Geduld danken, und auch unserem Sohn Zachary, der mich jeden Tag aufs Neue lehrt, was es heißt, die Welt zu entdecken.